公路工程施工标准化指南系列丛书

广东省公路工程施工标准化指南

第六分册 交通安全设施工程

广东省交通运输厅 组织编写

人民交通出版社股份有限公司
北 京

内 容 提 要

本指南对广东省公路交通安全设施工程各参建单位的技术、人员、设备、安全、环保、文明施工、工作界面等提出了具体要求。本指南共分十六章,主要内容包括:总则,管理要求,交通标志,交通标线,波形梁护栏,缆索护栏,混凝土护栏,中央分隔带开口护栏,缓冲设施,视线诱导设施,隔离栅,防落网,防眩设施,避险车道,声屏障,改(扩)建工程交通安全设施。

本指南可供广东省交通运输行业主管部门、公路工程项目参建单位和参建人员使用。

图书在版编目(CIP)数据

广东省公路工程施工标准化指南. 第六分册, 交通安全设施工程/广东省交通运输厅组织编写. — 北京:人民交通出版社股份有限公司,2021.6
ISBN 978-7-114-17048-5

Ⅰ.①广⋯ Ⅱ.①广⋯ Ⅲ.①高速公路—道路施工—标准化管理—广东—指南②高速公路—交通运输安全—交通设施—标准化管理—广东—指南 Ⅳ.①U415.1-62
②U491.5-62

中国版本图书馆 CIP 数据核字(2021)第 020018 号

Guangdong Sheng Gonglu Gongcheng Shigong Biaozhunhua Zhinan Di-liu Fence Jiaotong Anquan Sheshi Gongcheng

书　　名：	广东省公路工程施工标准化指南　第六分册　交通安全设施工程
著 作 者：	广东省交通运输厅
责任编辑：	韩亚楠　郭晓旭
责任校对：	孙国靖　龙　雪
责任印制：	张　凯
出版发行：	人民交通出版社股份有限公司
地　　址：	(100011)北京市朝阳区安定门外外馆斜街3号
网　　址：	http://www.ccpcl.com.cn
销售电话：	(010)85285857
总 经 销：	人民交通出版社股份有限公司发行部
经　　销：	各地新华书店
印　　刷：	北京建宏印刷有限公司
开　　本：	880×1230　1/16
印　　张：	4.75
字　　数：	91千
版　　次：	2021年6月　第1版
印　　次：	2025年4月　第4次印刷
书　　号：	ISBN 978-7-114-17048-5
定　　价：	38.00元

(有印刷、装订质量问题的图书由本公司负责调换)

《广东省公路工程施工标准化指南》编审委员会

主 任 委 员：黄成造
副主任委员：曹晓峰　职雨风　王　璜
委　　　员：张钱松　鲁昌河　刘永忠　胡利平
　　　　　　梅晓亮　彭伟强　单　云　兰恒水
　　　　　　洪显诚　李卫民　吴玉刚　邱　钰
　　　　　　余国红　乔　翔　成尚锋　代希华
　　　　　　吴传海　李　勇　熊　杰

《第六分册　交通安全设施工程》编写委员会

主　　　编：成尚锋
副 主 编：张泽鹏　王飞川
编　　　写：林晓峰　辛　猛　高益杞　张永华
　　　　　　何　沙　潘春为　洪　旋　苏　敏
　　　　　　王　峰　廖晨曦　刘旋云　王海峰
　　　　　　贝志坚　汪　洁

FOREWORD

加快推进现代工程建设管理,是公路行业坚持新发展理念,牢牢把握交通"先行官"定位,构建安全、便捷、高效、绿色、经济现代化综合交通体系的生动实践和有力抓手。近年来,广东省交通运输系统进一步转变发展方式,深入贯彻落实《交通强国建设纲要》及公路建设管理"五化"(发展理念人本化、项目管理专业化、工程施工标准化、管理手段信息化、日常管理精细化)要求,全面提升公路工程建设管理水平,有力支撑广东交通高质量跨越式发展。截至2020年底,广东省公路通车里程达22.2万公里,其中高速公路在全国率先突破1万公里。

2010年以来,广东省创新开展公路建设标准化管理的实施活动,组织开展施工标准化工作,形成《广东省公路工程施工标准化指南》(以下简称《指南》),初步构建了公路建设管理的标准化体系,成功建成了港珠澳大桥、南沙大桥、汕昆高速、汕湛高速等一批优质工程。为进一步提高广东省公路建设管理水平,创建"品质工程",广东省交通运输厅组织技术攻关,在全面、系统总结10年来高速公路标准化管理、品质工程创建、绿色公路建设等经验基础上,对《指南》进行了修编。

本次修编的主要特点:一是注重管理和技术相结合,强化参建各方职责,规范建设管理程序,明确施工控制环节的技术和质量要求。二是坚持目标导向和问题导向相结合。针对薄弱环节,提出行之有效的措施,着力解决工程中的质量通病。三是兼顾实用性和先进性。有关管理要求和技术标准既符合实际可执行,又适度超前力求先进。四是注重创新技术在公路行业的推广应用。倡导微创新和新技术、新工艺、新材料、新设备的科学合理应用,提高管理水平、工程品质和工作效能。

修编后《指南》共分八个分册,包括综合管理及工地建设、路基工程、路面工程、桥涵工程、隧道工程、交通安全设施工程、机电工程、公路房建工程,其中公路房建工程分册另行印发。修编以国家及行业现行法律法规、标准规范为依据,全面总结广东省高速公路标准化管理、品质工程、绿色公路建设经验,对标准化施工的方方面面进行了明确、细致规定,可作为参建单位日常工作的行动指南。

本书为《指南》第六分册,对广东省公路交通安全设施工程各参建单位的技术、人员、设备、安全、环保、文明施工、工作界面等提出了具体要求,强化了设计、施工界面管理;同时,从一般规定、工序流程、控制要点等方面进行规范,旨在更有效地消除质量通病,提高交通安全设施工程管理水平,确保公路交通安全设施工程质量。

《指南》修编过程中,得到了广东省交通集团有限公司、佛山市交通运输局、广东省南粤交通投资建设有限公司、广东省公路建设有限公司、广东华路交通科技有限公司、广东省路桥建设发展有限公司、广东省高速公路有限公司、广东交通实业投资有限公司、佛山市路桥建设有限公司等单位的大力支持。广东省南粤交通龙怀高速公路管理中心龙连管理处、广东云茂高速公路有限公司、广东惠清高速公路有限公司、广东潮惠高速公路有限公司、广东新粤交通投资有限公司、广东路路通有限公司、众为工程咨询有限公司、广东省高速公路有限公司开阳扩建管理处等共同参与了《指南》的修编工作。在此一并表示感谢。

《指南》可供全省交通运输主管部门、公路工程项目参建单位和参建人员使用,使用过程中发现的问题和意见建议,请反馈至广东省交通运输厅基建管理处(地址:广州市越秀区白云路27号,邮政编码:510101)。

编　者
2021年4月

Contents 目录

1 总则 ... 1

2 管理要求 ... 2
    2.1 一般规定 ... 2
    2.2 技术管理 ... 3
    2.3 人员管理 ... 3
    2.4 设备管理 ... 4
    2.5 材料管理 ... 5
    2.6 安全管理 ... 7
    2.7 文明施工 ... 8
    2.8 工作界面管理 ... 9

3 交通标志 ... 12
    3.1 一般规定 ... 12
    3.2 工序流程 ... 13
    3.3 控制要点 ... 13

4 交通标线 ... 15
    4.1 一般规定 ... 15
    4.2 工序流程 ... 16
    4.3 控制要点 ... 16

5 波形梁护栏　　19

　　5.1　一般规定 …………………………………………………………… 19
　　5.2　工序流程 …………………………………………………………… 19
　　5.3　控制要点 …………………………………………………………… 19

6 缆索护栏　　22

　　6.1　一般规定 …………………………………………………………… 22
　　6.2　工序流程 …………………………………………………………… 22
　　6.3　控制要点 …………………………………………………………… 22

7 混凝土护栏　　25

　　7.1　一般规定 …………………………………………………………… 25
　　7.2　工序流程 …………………………………………………………… 25
　　7.3　控制要点 …………………………………………………………… 25

8 中央分隔带开口护栏　　29

　　8.1　一般规定 …………………………………………………………… 29
　　8.2　工序流程 …………………………………………………………… 29
　　8.3　控制要点 …………………………………………………………… 29

9 缓冲设施　　31

　　9.1　一般规定 …………………………………………………………… 31
　　9.2　工序流程 …………………………………………………………… 31
　　9.3　控制要点 …………………………………………………………… 31

10 视线诱导设施　　33

　　10.1　一般规定 ………………………………………………………… 33
　　10.2　工序流程 ………………………………………………………… 33
　　10.3　控制要点 ………………………………………………………… 34

11 隔离栅 — 35

- 11.1 一般规定 …… 35
- 11.2 工序流程 …… 35
- 11.3 控制要点 …… 35

12 防落网 — 37

- 12.1 一般规定 …… 37
- 12.2 工序流程 …… 37
- 12.3 控制要点 …… 37

13 防眩设施 — 39

- 13.1 一般规定 …… 39
- 13.2 工序流程 …… 39
- 13.3 控制要点 …… 40

14 避险车道 — 42

- 14.1 一般规定 …… 42
- 14.2 工序流程 …… 42
- 14.3 控制要点 …… 42

15 声屏障 — 44

- 15.1 一般规定 …… 44
- 15.2 工序流程 …… 44
- 15.3 控制要点 …… 45

16 改(扩)建工程交通安全设施 — 47

附录A 交通安全设施工程典型施工方案编制 — 49

- A.1 标志施工方案 …… 49
- A.2 标线施工方案 …… 50
- A.3 波形梁钢护栏施工方案 …… 50
- A.4 混凝土护栏施工方案 …… 51

A.5　中央分隔带开口护栏施工方案 …………………………………………… 52
A.6　轮廓标施工方案 ………………………………………………………… 52
A.7　隔离栅施工方案 ………………………………………………………… 52
A.8　防落物网施工方案 ……………………………………………………… 53
A.9　防眩设施施工方案 ……………………………………………………… 53
A.10　声屏障施工方案 ……………………………………………………… 54

附录B　四新技术　55

B.1　数码打印膜工艺 ………………………………………………………… 55
B.2　双撒布器工艺 …………………………………………………………… 56
B.3　多功能护栏打桩机 ……………………………………………………… 56
B.4　一体化门架 ……………………………………………………………… 57
B.5　电刻反光膜工艺 ………………………………………………………… 57
B.6　波形梁钢护栏清洗设备 ………………………………………………… 58

附录C　质量通病及防治　59

C.1　交通标志 ………………………………………………………………… 59
C.2　交通标线 ………………………………………………………………… 60
C.3　波形梁钢护栏 …………………………………………………………… 61
C.4　混凝土护栏 ……………………………………………………………… 62
C.5　视线诱导设施 …………………………………………………………… 62
C.6　隔离栅 …………………………………………………………………… 62
C.7　防眩设施 ………………………………………………………………… 63
C.8　声屏障 …………………………………………………………………… 63

1 总　则

1.0.1　为全面推进现代工程管理,打造公路工程"平安百年品质工程",规范公路交通安全设施工程管理,提高工程质量,提升项目管理水平,确保各道施工工序落实到位,减少质量通病,结合广东省公路建设实际情况,编制本指南。

1.0.2　本指南主要依据国家、交通运输部、广东省等颁布的相关标准、规范、规程、指南、文件及行业内成熟先进施工经验和管理经验编制。依据文件如有更新,以最新文件为准。

1.0.3　本指南适用于广东省新建和改(扩)建的高速公路、一级公路及建安费10亿元以上的二级公路,其他项目可参考使用。

1.0.4　本指南立足高质量发展理念,兼顾管理和技术要求,凝聚公路建设标准化成果和行业内成熟的工艺、工法以及先进的技术、管理经验,兼顾指导性和灵活性。

1.0.5　公路交通安全设施工程应遵循安全优质、以人为本、生态环保、资源节约的原则,并应符合下列规定:

1　坚持创新驱动,大力推广四新技术应用,淘汰落后的工艺、工法。

2　坚持节能环保,积极使用节能环保技术、环保材料和清洁能源,实现节能减排,保护生态环境。

3　大力推进智慧公路、绿色公路建设,促进信息技术与项目管理多系统融合,实现项目全寿命周期智能化管理。

4　临时用地、用林、用海合法合规,工程完工后按规定进行恢复,并验收合格。

2 管理要求

2.1 一般规定

2.1.1 在交通安全设施开工前,施工单位应对施工现场的地质情况、水文气象条件等进行勘察,在全面理解设计要求和设计技术交底的基础上,根据设计图纸、合同文件和现场的实际情况,编制切实可行的实施性施工组织设计,由总监办组织审查并按规定程序批复。

2.1.2 交通安全设施的施工应与公路土建及其他专业工程施工相协调,注意工序衔接,避免交叉施工干扰及污染。

2.1.3 施工单位应建立健全质量保证体系,明确质量方针、质量目标和质量责任;同时应建立质量管理机构、质量检测体系及流程,制定质量管理制度,提出质量保证措施,对工程的施工实施全过程质量控制。

2.1.4 在确保施工安全和工程质量的条件下,应积极推广使用可靠的新技术、新工艺、新材料和新设备。

2.1.5 交通安全设施的施工应建立健全环境保护管理体系,制订保护环境、节能减排实施方案,采取措施减少环境污染。

2.1.6 施工单位应按相关规范要求开展工程项目所用材料的进场检验、标准试验、现场抽样试验、工艺试验、验收试验、外委试验等;监理单位应组织定期及不定期的抽检。

2.1.7 交通安全设施工程的档案资料归档应分类明确、整齐有序、条目清晰。

2.1.8 交通安全设施施工完成后,施工单位应对交通安全设施的施工质量、交通安全设施之间及其与土建及其他专业工程之间的协调性进行自查自评,对损坏的工程,应进行恢复。

2.1.9 交通安全设施应与公路主体工程同步设计、同步施工、同步验收,未经交工验收或者交工验收不合格的,不得交付使用。

2.1.10 因改(扩)建等原因需要设置临时交通标志和标线的,交通标志和标线设置方案应与改(扩)建工程同步设计和审查。临时交通标志和标线应由设置单位负责维护和管理,根据现场需要及时安装、拆除。

2.2 技术管理

2.2.1 土建施工图设计完成后,建设单位应委托第三方进行项目施工图设计阶段安全性评价,由设计单位结合施工现场实际及土建工程变更情况,并依据评审后的安全性评价报告,完善交通安全设施施工图设计。

2.2.2 开工前,建设单位应组织监理单位、施工单位对设计文件进行复核,将设计中存在的问题及时反馈设计单位解决,并做好设计技术交底。

2.2.3 开工前,施工单位、监理单位应结合现场实际环境、地形、地物情况核对交通安全设施设计文件,与设计原则不符的或与总体设计不协调的,应主动提出问题,报建设单位、设计单位确认。

2.2.4 开工前,施工单位应根据合同文件、招投标文件、设计文件及《广东省高速公路工程施工组织设计和施工方案标准化管理指南》的相关要求,并结合项目施工规划,组织编写实施性施工组织设计。

2.2.5 开工前,施工单位应编制各分项工程施工方案(附录 A)报监理单位审查批复,同时报备建设单位;危险性较大的工程专项施工方案,应由施工单位组织内审;超过一定规模的,应组织专家论证审查。

2.2.6 施工单位应根据批准的施工组织设计和施工方案,在开工前组织技术和安全逐级交底,形成交底记录,并建立安全、技术交底制度,建立交底台账;建设单位、监理单位应不定期对交底台账、交底记录等进行检查,对出现的问题进行督促整改。

2.2.7 交通安全设施工程施工前,应执行首件工程认可制,通过首件工程优化施工方案和工艺标准,明确施工质量控制措施。交通安全设施首件工程可根据工程特点及实际情况组织实施,包括但不仅限于:标志基础不少于3处(含双柱、悬臂、门架各1处),标线长度不小于200m,波形梁钢护栏长度不小于200m,预制混凝土护栏不少于3个节段,现浇混凝土护栏长度不小于20m,桥梁段、路基段声屏障长度各不小于20m。

2.2.8 首件工程完成后及时编制首件工程施工总结报监理单位,监理单位应对施工单位施工组织、工艺、材料、机械设备、人员配备、技术方案及首件工程施工总结能否满足要求进行审核,经监理单位批准或组织参建各方召开现场审查会后方可正式开工。

2.2.9 交工验收前,建设单位应组织第三方咨询单位完成通车前的安全性评价,并根据安全性评价意见完善相关交通安全设施。

2.3 人员管理

2.3.1 建设单位
1 建设单位应成立专门的交通安全设施工程管理部门或在工程管理部门设置专职管

理机构,负责交通安全设施工程建设管理工作。设置专门交通安全设施工程管理部门的,应配置部门经理1名(视项目规模可增设副经理1人),并按每40km配置1名工程技术管理人员;在工程管理部门设置专门交通安全设施工程管理机构的,应配置部门专职副经理1名,工程技术管理人员配置同上。

2 建设单位应成立由建设、设计、监理、施工单位组成的工作界面协调工作小组,从设计阶段开始统筹、协调不同专业工程之间的工作界面管理。

3 工作界面协调工作小组应由建设单位分管领导牵头,成员包括建设单位技术负责人及交安、土建、机电、房建、征拆等相关部门负责人,各专业设计代表,监理单位及第三方检测单位负责人,各施工单位项目负责人等。

4 建设单位应对监理工程师的工作进行现场监督和考核,并每季度对各总监办的工作进行考核评价。

2.3.2 监理单位

1 总监办应按照交通安全设施工程监理模式和现场监理工作的实际需要,配备符合资格和数量要求的专业监理工程师和监理员。

2 宜配备1名分管交通安全设施工程工作的专职副总监。

2.3.3 施工单位

1 施工单位在投标文件中承诺的主要工程技术人员应全部常驻现场进行管理,并保持其岗位的相对稳定性。

2 施工单位如需更换主要工程技术人员,应按合同要求报建设单位批准,同时施工单位应将更换后的人员相关资料(如任职文件、毕业证书、专业资格证书等)复印件报建设单位和监理工程师备案。

3 施工单位应按照广东省交通运输厅实名制系统的要求建立劳动用工实名登记制度,按照编码规则对所有进退场人员进行实名登记,确保登记信息真实、完整。

2.4 设备管理

2.4.1 施工单位应按照合同要求和施工需要投入足够的施工设备,并报建设单位、监理单位备案。对打桩机、划线机等关键设备,建设单位应采取准入制。

2.4.2 施工所用机械设备、生产工具应在施工前进行安装调试和校验。

2.4.3 施工单位应建立特种设备进退场台账和设备档案,并定期检查、维修、维护。

2.4.4 检测设备应符合下列规定:

1 施工单位、监理单位和第三方检测机构应配置扭力扳手、千分尺或超声波测厚仪、涂层测厚仪和标线厚度测量仪,同时应分别配置测量标志和标线的高精度亮度逆反射系数测量仪。

2 建设单位应组织对不同参建单位的检测仪器进行比对校核,宜统一精度。

2.4.5 施工设备应符合下列规定:

1 划线设备应符合下列规定：

1)施工单位应结合项目实际及工期要求配备足够数量的划线设备,并至少配备1台备用划线设备。

2)应按设备使用说明书频率要求检查料门开闭手柄及落地刀片,如出现毛边,及时更换刀片。

2 护栏打桩设备应符合下列规定：

1)护栏打桩设备宜选用多功能护栏打桩机(附录B)。施工单位应结合项目实际及工期要求配备护栏打桩及钻孔设备,宜按每4万~6万延米配备1台打桩机,在设备投入中至少配备1台备用打桩机。

2)操作时应随时观察设备状况,如出现异常噪声或其他异常现象,应随时停机,进行检查,排除故障后方可继续使用;如发现液压系统接头渗漏或部件松动,亦应停机进行调整和紧固,正常后方可继续使用。

3)打桩机应加强防污染措施,不得在新建路面维修拆装设备,施工时应在设备底部加装废旧机油收集装置。

2.5 材料管理

2.5.1 建设单位应在施工图设计阶段组织设计单位、行业内专家开展交通安全设施关键材料选取专项会议,对标线、波形梁钢护栏、标志反光膜、隔离栅立柱、防眩设施、声屏障等材料的选型、质量标准开展讨论,形成指导性意见。

2.5.2 设计单位应根据专项会议形成的意见,在设计文件中明确标线玻璃珠掺量、反光膜等级、钢构件镀锌厚度、隔离栅立柱材料等关键指标及检测方法。

2.5.3 材料进场前管理应符合下列规定：

1 对于标线、波形梁钢护栏等主要材料,施工单位应将拟购产品相关资料(如企业营业执照、生产许可证、经销授权书、产品质量合格证书、产品检测报告等)报送建设单位、监理单位审批,同种材料需报两家以上材料厂商供比选。建设单位应根据需要,组织对生产厂家进行现场考察,综合评估其技术、生产和质量过程控制能力。不得使用被交通运输部、广东省交通运输厅通报的不合格材料品牌产品。

2 对于标线、波形梁钢护栏等主要材料,施工单位和监理单位可根据需要对生产厂家进行场验,必要时可驻厂监造。

2.5.4 材料现场管理应符合下列规定：

1 材料进场后,施工单位应核对相关资料(如随车运输单、产品合格证书、批次检验报告、原材料质量证明材料、检测机构颁发的有效期内的检测报告),并进行自检。

2 自检合格后,施工单位通知监理单位见证取样,并送有资质的检测机构检验。

3 见证取样合格后,监理单位或第三方检测机构应对主要材料进行抽样,并送有资质的检测机构检验。

4　交通安全设施主要材料检验出现不合格的情况时,应整批次更换或更换质量稳定的生产厂家。

2.5.5　材料存放管理应符合下列规定：

1　施工单位应根据工程需要进行施工材料存放的选址与规划,并将存放方案报送监理单位审批,审批同意后方可实施。

2　材料储存堆放场地应硬化,如有需要应搭设防雨棚并做好排水,并经监理验收合格后方可使用；各种材料应按规格、品种分类分区存放,整齐有序,标识牌规范整齐,存放场地保持整洁。

3　存放应符合下列规定：

1）波形梁板、隔离栅网片、防眩网等大件镀锌构件需整齐码放,码砌高度不宜超过1.5m,并做好层间垫护措施。

2）护栏螺栓、防阻块等小型配件应存入库房,整齐堆放。

3）标志板应竖向放置,标志面采用软衬垫材料保护,保证表面平整不变形。

4）标线涂料应存于干燥仓库堆放,下垫上盖,且与墙体距离不宜过近,并做好防水防潮措施。

2.5.6　材料出入库管理应符合下列规定：

1　所有材料应建立出(入)库台账、试验台账及使用台账,不合格材料不得入库。

2　施工单位应建立完善的材料管理台账,列明材料的生产厂家、规格、批号、数量、出厂日期、进场日期及使用部位等。

3　建设单位、监理单位应对施工单位上述台账进行抽检,频率不低于1次/月。

2.5.7　材料指标应符合下列规定：

1　混凝土基础所用的钢筋、水泥、细集料、粗集料、拌和用水、外加剂等材料,应符合现行《公路桥涵施工技术规范》(JTG/T 3650)的规定。

2　交通安全设施工程所用钢构件均应进行防腐处理。除设计文件另行规定外,防腐处理均应符合现行《公路交通工程钢构件防腐技术条件》(GB/T 18226)的规定。螺栓、螺母等紧固件和连接件在防腐处理后,应清理螺纹或进行离心分离处理。

3　所用钢构件除符合设计规定外,无缝钢管应符合现行《结构用无缝钢管》(GB/T 8162)的规定,焊接钢管应符合现行《直缝电焊钢管》(GB/T 13793)的规定。

4　标志底板及支撑件所用材料的结构尺寸、外观质量、防腐层质量和材料力学性能等应符合现行《道路交通标志板及支撑件》(GB/T 23827)的规定。

5　逆反射材料的外观质量、光度性能、色度性能、抗冲击性能等应符合现行《道路交通反光膜》(GB/T 18833)的要求。

6　路面标线涂料的性能、质量应符合现行《路面标线涂料》(JT/T 280)、《路面标线用玻璃珠》(GB/T 24722)、《路面防滑涂料》(JT/T 712)及《道路交通标线质量要求和检测方法》(GB/T 16311)的规定。

7　突起路标的性能应符合现行《突起路标》(GB/T 24725)的规定。

8　路侧及中央分隔带波形梁钢护栏所用的各种材料的规格、材质均应符合现行《波形

梁钢护栏　第 1 部分：两波形梁钢护栏》(GB/T 31439.1)、《波形梁钢护栏　第 2 部分：三波形梁钢护栏》(GB/T 31439.2)及《结构用冷弯空心型钢》(GB/T 6728)等的要求。波形梁板基底金属厚度为正公差、立柱基底金属厚度为负公差的数量不得超过总数量的 50%。

9　路侧及中央分隔带缆索护栏所用的各种材料的规格、材质均应符合现行《缆索护栏》(JT/T 895)的要求，其中厚度为防腐处理前的厚度。

10　钢管桩、缓冲设施所用钢构件应符合现行《碳素结构钢》(GB/T 700)中 Q235 钢的性能要求。

11　中央分隔带开口护栏、缓冲设施的防护等级应满足设计要求，安全性能应符合现行《公路护栏安全性能评价标准》(JTG B05-01)的规定。

12　缓冲设施所用螺栓紧固件应符合现行《钢结构用高强度大六角头螺栓、大六角螺母、垫圈技术条件》(GB/T 1231)的规定。

13　轮廓标的性能应符合现行《轮廓标》(GB/T 24970)的规定。

14　隔离栅、防落物网所用的金属材料应符合现行《隔离栅》(GB/T 26941)的规定。

15　防眩板所用材料应符合现行《防眩板》(GB/T 24718)的规定。

16　避险车道基床、排水系统、服务车道的施工应符合现行《公路路基施工技术规范》(JTG/T 3610)、《公路路面基层施工技术细则》(JTG/T F20)及《公路水泥混凝土路面施工技术细则》(JTG/T F30)等的规定。

17　声屏障材料指标应满足设计及现行《公路环境保护设计规范》(JTG B04)、《声屏障结构技术标准》(GB/T 51335)、《声屏障声学设计和测量规范》(HJ/T 90)及《公路声屏障》(JT/T 646)等规范的相关要求，应有声学性能检查报告。

2.5.8　运输、施工等过程中造成波形梁钢护栏、隔离栅立柱等材料防腐层局部损坏的，应采取防锈措施加以补救。

2.6　安全管理

2.6.1　一般规定

1　施工单位应按照相关法律法规以及《广东省高速公路工程施工安全标准化指南》的要求建立健全安全生产管理制度，保证安全生产费用的投入，设置安全管理职能部门，配备相应的专职安全管理人员，明确管理职责和安全责任。

2.6.2　人员安全要求

1　工班长每天班前会布置生产任务时，应对易发生的安全事故进行提醒、警示。

2　施工单位应为所有现场人员配齐安全防护用品，并应保证防护用品的质量满足国家或行业标准的规定。进入施工现场的人员应按规定佩戴、使用安全防护用品，安全监察人员应佩戴袖标。

3　施工单位应做好施工作业人员的安全教育培训。特种作业人员应经过专业培训，并持证上岗。

4 施工单位应依法参加工伤保险,为所有施工作业人员缴纳保险费。

5 施工单位应为施工作业人员购买人身意外伤害保险。

6 现场施工作业人员上下班应乘坐统一配置的车辆,严禁乘坐摩托车、电动车、三轮车等交通工具上下班,严禁人货混装。

2.6.3 设备安全要求

1 施工作业所使用的机械、设备和工具应符合国家和行业现行有关标准的规定,施工单位应定期检查和检验,特种设备应符合其安装、维护、使用和检验等管理制度的规定。

2 施工单位应建立机械设备管理制度和机械设备管理台账,做好使用、检查、维修、维护等记录。

3 监理单位、施工单位应对施工现场机械设备(含特种设备)的使用、检查、维护等情况进行不定期巡查,检查机械设备管理制度落实情况。

2.6.4 现场安全要求

1 施工前,施工单位应与路面、机电、绿化等相关单位提前沟通,合理安排工期,确保在封闭的作业区施工。如需占用行车通道作业,须按程序申报,并做好材料堆放区及人员作业区的围蔽、警示和防护。如需夜间施工,应加强安全警示、防护、围蔽及夜间照明设施设置。

2 对施工生产作业区域内所有临边、洞口和可能发生高处坠物的区域,应设置符合安全防护规范要求的安全防护设施;对施工现场范围内可能存在危险性的区域,应设置醒目的警戒、警告、警示标志。

3 施工现场作业车辆、上下班车辆行驶时应控制行驶速度,不得超出限速标志规定值;严禁超载行驶;严禁在桥面上与隧道内掉头。

4 在高速公路跨线桥上进行防抛网等施工时,对下方道路、铁路、航道等存在安全隐患的,施工单位应编制专项安全施工方案,采取安全措施,确保施工安全。

2.6.5 应急预案

1 施工单位应组织制定安全生产应急预案。

2 施工单位应建立应急救援组织机构,配足应急救援人员、机具、物资、器材,并定期组织开展有针对性的演练。

2.6.6 其他要求

1 施工单位应及时关注恶劣天气对安全生产的不利影响,特别是关注暴雨、台风、大雾等极端天气信息,及时发布预警信息,做好施工和交通安全防范工作。

2 公路改(扩)建施工,应设置符合国家和行业现行有关标准规定的施工安全标志。

2.7 文明施工

2.7.1 标志标语

1 施工期间,施工单位应在施工路段起终点、驻地、施工现场等显著位置悬挂安全文明生产、质量管理等标牌标语,各类标识牌标语应符合《广东省公路工程施工标准化指南 第一分册 综合管理及工地建设》相关要求。

2 施工现场主要出入口应设置"工程施工告示牌";其他主要施工点和道路交叉口,可根据实际情况设置必要的指路牌、限速牌等标志牌。

2.7.2 材料运输、装卸

1 对各种细小物料,应采用封闭式运输。各种物料应堆放整齐,覆盖存放。

2 混凝土运输、浇筑时,应采取措施保证混凝土无泄漏、无洒泼,确保路面无污染。

3 基础浇筑时,混凝土运输车辆应遵守施工区域内的限速、限重规定,严格按照规定路线行驶。

4 波形梁板、立柱等运至现场卸货时,应采取隔离保护措施,避免磨损表面涂层和损坏路面。

2.7.3 垃圾处置

1 标志杆件、标志板及标线涂料等包装废弃物,应集中、分类堆放,及时清运至垃圾处理站,不得随意倾倒。

2 混凝土、标线等施工完成后,废料应运至线外指定弃土场,集中处理,严禁随意倾倒。

3 标志、隔离栅、声屏障等基础开挖产生的废弃土方应运至线外指定弃土场,严禁倾倒至边坡坡面和排水沟。

2.7.4 应加强环境保护宣传,采取有力措施控制人为的施工噪声,最大限度地减少噪声扰民。

2.7.5 在基坑开挖施工过程中,应采取喷、洒水及隔离(如铺设土工布、彩条布)措施,防止扬尘。

2.8 工作界面管理

2.8.1 设计界面管理

1 建设单位应在设计招标或施工图设计阶段做好设计界面划分,重点关注桥梁、涵洞、隧道交通安全设施预埋件的设计,并纳入相应分项工程施工范围,避免桥梁、涵洞、隧道工程完工后重新开孔预埋。交通安全设施工程与主体工程的设计界面应符合现行《高速公路交通工程及沿线设施设计通用规范》(JTG D80)的规定。

2 交通安全设施工程与房建工程的设计界面应符合下列规定:

1)服务区预告至服务区出口的标志和标线属于交通安全设施工程设计范围;服务区内部问询、商店、停车场、加油站等标志和标线属于房建工程设计范围。

2)房建工程用地线围护设施为隔离栅时,应由交通安全设施工程设计单位设计;采用构造围护设施时,应由房建工程设计单位设计。

3 交通安全设施工程与机电工程的设计界面应符合下列规定:

1)收费广场路面标志、标线、护栏及收费岛上的标志属于交通安全设施工程设计范围;

收费岛上的护栏等属于机电工程设计范围。

2）可变限速标志、可变信息标志及其他监控外场设备的位置桩号应由机电工程与交通安全设施工程设计单位共同商定，并统一在交通标志平面设计图中标出可变限速标志、可变信息标志的位置，以避免互相干扰。

3）机电工程外场设备设于安全设施门架式标志上的，由机电工程设计单位提供受力条件、位置及接线要求，由交通安全设施工程设计单位进行门架式标志结构设计，并预留位置及接线。外场设备的安装方式由机电工程设计单位设计。

4 交通安全设施工程与土建工程的设计界面应符合下列规定：

1）桥梁段（含耳墙）内外侧混凝土护栏、挡土墙混凝土护栏、桥隧间的路基段混凝土护栏、桥梁护栏两端的翼墙过渡段（用于波形梁板与混凝土护栏搭接）属于土建工程设计范围。

2）需要在桥上设置标志、波形梁、防落物网时，交通安全设施工程设计单位应事先与土建工程设计单位协商，并提供基础位置、受力条件、预埋件的安装方式等技术资料；土建工程设计单位负责完成基础及预埋件的设计。

3）土建工程设计单位应充分考虑标线与中央分隔带超高排水沟、隧道洞内排水沟等位置的关系，预留足够的安全距离。

4）交通安全设施工程设计单位应结合路线竖曲线进行横向减速标线设计，不宜将横向减速标线设置于凹曲线最低点位置，避免路面积水，危及行车安全。

5）建设单位应及时将土建补征地红线图提交给交通安全设施工程设计单位，及时调整隔离栅设计范围。

5 交通安全设施工程各设计标段之间的设计界面应符合下列规定：

1）交通安全设施工程各设计标段间应遵循协调统一设计原则，交通标志信息及其他安全设施的设置应保持连续性和连贯性。

2）声屏障的设计应充分考虑交通标志的位置，避免相互干扰。

2.8.2 施工界面管理

1 交通安全设施工程与土建工程施工单位的施工界面应符合下列规定：

1）交通安全设施工程设于桥梁、涵洞等构造物上的基础和预埋构件等由土建工程相关施工单位负责完成。建设单位应组织对基础和预埋构件位置、尺寸、精度进行验收移交。交通安全设施工程施工单位进场后，应与土建工程施工单位进行界面交接。

2）隧道洞口外的混凝土护栏及渐变过渡段波形梁钢护栏施工前，建设单位或监理单位应组织对排水沟位置进行验收移交，保证混凝土护栏及波形梁钢护栏在渐变过渡段内有符合设计要求的施作面。

3）隔离栅的施工宜在排（截）水沟施工完成且场地整平后进行立柱安装及挂丝、挂网工作。

2 交通安全设施工程与路面工程施工单位的施工界面应符合下列规定：

1）施工顺序安排如下：

（1）打入式的护栏立柱应在土路肩培土和路缘石安装后施打。

(2)混凝土护栏宜在水稳层施工后、路面面层摊铺前施工。

(3)标志牌、声屏障以及涵洞顶波形梁护栏混凝土基础的施工应在沥青面层施工前完成。

(4)交通标志钢结构吊装宜在沥青上面层摊铺前完成,如在上面层摊铺后开展,应做好钢结构现场吊装或堆放的相关保护措施,避免破坏沥青面层结构。

(5)波形梁钢护栏挂板以及标志板、轮廓标等施工应在沥青上面层摊铺完毕后进行。

2)护栏立柱施打前,应全面排查预埋排水横穿管位置,避免损坏排水管。

3)监理单位应加强中央分隔带防水板安装工程的验收,确保防水板紧贴路面水稳层,避免护栏立柱施打时损坏防水板。

4)中央分隔带波形梁钢护栏施工不得损坏已完工的超高路段纵向排水沟、集水井、盲沟管线等设施。

5)土建工程施工单位应加强对中央分隔带和路肩填土压实度和高程控制,确保护栏立柱的埋深符合要求。

3 交通安全设施工程与机电工程施工单位的施工界面应符合下列规定:

1)监控系统可变信息标志与交通安全设施标志板共用龙门架的,共用的龙门架及可变信息标志由机电工程施工单位负责施工。安全设施标志板的安装由交通安全设施工程施工单位负责安装。

2)施工单位应在施工前进行现场踏勘,并实地放样,发现交通标志的设置位置与通信管道、电力管线等隐蔽工程的位置冲突,或与可变信息标志、照明灯杆、上跨桥梁等设施存在遮挡的情况,应及时向建设单位反映,由建设单位组织工作界面协调工作小组在施工前解决。

3)中央分隔带门架基础施工时应预留通信管线通道。

3 交通标志

3.1 一般规定

3.1.1 交通标志设置在施工图设计阶段应有地方政府、交警、公路相关部门及与涉路工程有关的高速公路营运单位参与,充分征求各方意见,避免通车后标志内容调整过大,影响使用。

3.1.2 施工单位应在开工前对桥梁、隧道段的预埋基础的规格、预埋地脚螺栓和法兰盘的规格及腐蚀情况进行核对检查,不符合设计要求的,应根据合同要求由原施工单位或交通标志施工单位进行改造处理。未预留预埋基础时,可采用经批准的后固定方法进行施工。

3.1.3 监理单位应组织施工单位对交通标志加工厂进行厂检,保证其工艺满足设计要求,且贴膜作业车间必须满足防尘、温度与湿度控制要求。

3.1.4 交通标志基础施工前应复核作业面环境,遇到障碍物或管线,应及时上报监理单位、建设单位。交通标志杆件吊装和标志板安装前应提前告知路面及相关专业施工单位施工位置、施工时间等信息,并划出安全区域,设置警戒线及警示标牌。

3.1.5 施工单位应通过首件制明确工艺要求,对其在施工过程中出现的通病提出防治要求,并强化对标志板贴膜时产生气泡的数量、标志立柱安装的竖直度、混凝土基础尺寸等的控制措施。

3.1.6 具备条件时,反光膜可采用电刻膜或数码打印(附录B)等方式加工制作,但不得降低反光膜颜色、反光性和耐候性等指标。

3.1.7 公路改(扩)建工程中拆除的标志底板、钢构件、混凝土基础等材料应经专业检测机构检测,检测合格且满足设计要求时,可再次使用。

3.1.8 交通标志钢构件重新利用时,应根据钢材锈蚀程度,采取局部修补或重新处理的方法进行防锈。

3.2 工序流程

3.2.1 路基段交通标志工序流程可参照:施工准备→测量放样→基坑开挖→支立模板→钢筋安装→混凝土浇筑→标志安装→成品检验。

3.2.2 桥梁段交通标志工序流程可参照:施工准备→预埋件检查复核→标志安装→成品检验。

3.3 控制要点

3.3.1 交通标志基础施工

1 基础应依据设计位置放样,严格控制与公路中线的距离。交通标志基础放样时应注意周围环境,与高压电缆及其他设备冲突时,应上报监理单位及建设单位处理。门架式交通标志两个立柱之间的距离偏差不得影响横梁的正常安装。

2 基坑尺寸不应小于设计值,地基承载力和基础埋深应满足设计要求。设计文件未规定时,地基承载力不宜小于150kPa。如实测地基承载力不满足设计要求时,应通知建设单位或监理单位进行现场确认,并对基坑进行处理。

3 混凝土浇筑前,应检查法兰盘安放水平情况后固定底座法兰盘和地脚螺栓。浇筑完成后,应对法兰盘水平情况进行检查、调整,地脚螺栓及法兰盘表面应擦拭干净,不得留有混凝土或其他异物,预埋螺栓的外露部分宜采用工业凡士林油涂抹后,用塑料薄膜包裹绑扎,以防螺纹损坏和锈蚀。

4 交通标志基础应加强养生,确保强度满足设计要求。交通标志基础宜采用薄膜或土工布覆盖养生(图3.3.1),较大基础推荐采用养生薄膜或滴灌养生工艺。养生保湿时间不少于7d。达到设计强度的80%后方可进行立柱安装。

图3.3.1 标志基础养生

3.3.2 钢构件安装

1 支撑结构的钻孔、焊接等加工应在钢材镀锌之前完成。在加工立柱时,应结合标志实际设置位置、高程等确定立柱的高度。

2 安装前,应对所有钢构件外观、壁厚、镀锌量进行复核,防腐层应均匀、颜色一致,不得有流挂、滴瘤或多余结块,表面应无缺漏、损伤等缺陷。

3 法兰盘尺寸应准确,连接紧密,无裂纹、熔合、夹渣、凹槽等缺陷。焊缝、抱箍、扣压块、螺栓、螺母等紧固件应符合设计要求。

4 悬臂式、门架式标志横梁在吊装时应设置预拱度。

3.3.3 标志板制作

1 标志板应根据设计尺寸在工厂进行加工成型,并根据设计文件的要求进行加固、拼接、冲孔、卷边。标志面应清洁干净、平整完好,无起皱、开裂、缺损或凸凹变形。

2 加工完成后,标志板应进行脱脂、清洗、干燥等工艺处理。清洗处理完成后直到粘贴反光膜前,不得用手直接触摸铝合金板,亦不应再与油脂或其他污物接触。

3 在满足材料生产及运输条件下,如底板尺寸较大必须采用拼接工艺时,应采用市场上相应规格最大尺寸的铝板减少拼缝。底板拼缝应与相应的支撑杆件垂直,利用支撑杆件加强底板的整体刚度,不同的标志结构底板拼缝方向有所区别:悬臂、门架式标志,底板拼缝应与横梁钢管垂直;单、双柱式标志,底板拼缝应与立柱钢管垂直。

4 反光膜应尽量减少拼接,标志板的长度或宽度小于反光膜产品的最大宽度时,不得拼接。

3.3.4 标志板安装

1 柱式标志板、悬臂式和门架式标志立柱的内边缘距土路肩边缘线的距离、距路面高差、净空高度应满足设计要求或现行《公路交通安全设施施工技术规范》(JTG/T 3671)的规定。

2 标志板与车流方向所成角度应满足设计文件要求,并根据设置地点公路的平、竖曲线线形调整水平或俯仰角度,不允许出现过度偏转或后仰的现象。

3 应对交通标志的视认性进行检查,确保交通标志不被遮挡或干扰,诱导标志应连续有效(图3.3.4);在夜间车灯照射下,底色和字符应清晰明亮、颜色均匀,不应出现明暗不均和影响视认的现象。

a)

b)

图3.3.4 标志板吊装

4 交通标线

4.1 一般规定

4.1.1 建设单位应根据道路等级、交通量等情况，对标线的逆反射亮度系数、厚度、热熔涂料的关键指标等向设计单位提出具体要求，设计单位应在设计文件中明确标线逆反射亮度系数、厚度及检测方法，对标线热熔涂料的总有机物含量、预混和面撒玻璃珠含量及成圆率、钛白粉含量等关键技术指标作出具体规定，并对标线黏结性、抗磨耗性等提出要求。新建和改(扩)建的高速公路路面标线应不低于非雨夜标线Ⅱ级标准。

4.1.2 建设单位在招标文件和施工合同中要明确包括反光性能在内的标线质量要求、质保期限和检测方法。标线施工合同中应明确标线施划1年、2年和3年的逆反射亮度系数要求，高速公路确保3年内标线逆反射亮度系数白色标线不低于80mcd/(m^2·lx)，黄色标线不低于50mcd/(m^2·lx)，并在合同条款中设置对应奖惩条款。

4.1.3 建设单位应审查标线施工班组的人员、过往业绩以及专用施工机具，定期开展检查，督促施工单位、监理单位严格落实标线施工质量管控责任。

4.1.4 标线涂料和标线用玻璃珠应具备有效的产品型式检测检验报告，由施工单位、监理单位进行查验并签认，报建设单位审定。每批次标线涂料、玻璃珠进场后，由监理单位、施工单位共同见证，随机取样、封样，进行原材料入场检测。检测报告应包括涂料的玻璃珠含量、抗压强度、色度性能和玻璃珠的粒径分布、成圆率等关键技术指标。对不合格原材料，一律清场。如发现不合格标线材料，建设单位可对施工单位及标线材料品牌进行通报，至行业主管部门。

4.1.5 施工单位通过试验对标线的最优参数进行确定。根据采用品牌的涂料、玻璃珠特点，以及参考厂家提供的产品技术参数制订试验方案，通过试验确定最佳下涂剂用量、最佳加热熔融温度、玻璃珠的撒布量、清除原标线质量标准等参数。

4.1.6 新建沥青混凝土路面宜在路面施工完成 7d 后开始施划标线。新建水泥混凝土路面宜在混凝土养护膜老化起皮并清除后再施划标线。

4.1.7 标线施工作业宜在白天进行,隧道内施工时应加强照明。雨、雪、强风、气温低于规定温度的天气,应暂停施工。

4.1.8 施工单位应通过首件制明确施工工艺要求,对其在施工过程中出现的通病提出防治要求,并强化对标线的施工温度、划线速度等的控制措施。

4.1.9 施工单位、监理单位或第三方检测机构应加强对原材料和施工工艺的控制、施工质量的抽检。施工单位不得通过加大面撒玻璃珠掺量来提高前期反光性能。项目交工验收时,标线质量应满足合同、设计文件和现行《道路交通标线质量要求和检测方法》(GB/T 16311)的要求。

4.1.10 质保期内,建设单位应组织对标线使用状况进行检查,存在质量问题的,应明确责任单位和整改措施,将相关信息纳入验收档案,情况严重的,可报送交通运输主管部门。

4.1.11 突起路标宜在路面标线施工完成后安装。

4.1.12 路面标线、突起路标施工过程中,应加强安全管理。

4.1.13 改(扩)建工程中对原有交通标线或突起路标的使用及拆除应遵循下列原则:

1 路面重新铺筑或罩面,或交通流向发生变化时,应按照相关规范和设计文件的规定重新施划或设置,同时清理干净旧路标线、突起路标等。

2 改(扩)建时没有重新铺筑路面或罩面,且交通流方向没有发生变化时,原有交通标线和突起路标等设施使用期限在 2 年以内,且不影响使用效果的,可继续使用。

4.1.14 原有交通标线、突起路标清除时,不应破坏路面,不降低路面高程。

4.2 工序流程

4.2.1 交通标线工序流程可参照:施工准备→清洁路面→放样→试划→涂抹下涂剂→标线施划→成品检验→突起路标施工。

4.3 控制要点

4.3.1 路面标线、突起路标的颜色、形状、字符、图形和尺寸应符合现行《道路交通标志和标线》(GB 5768)和设计文件的规定。

4.3.2 路面标线、突起路标的设置位置和规格应符合设计文件的规定。

4.3.3 标线施工前应清洁路面,保证路面清洁、干燥。

4.3.4 放样应根据道路横断面的具体尺寸和设计文件的要求确定标线位置、标线宽度和长度,并经常复核位置。

4.3.5 隧道内排水沟等构造物和行车道边缘线位置冲突时,施工单位要告知建设单位,采取变更标线施工方案的方式加以解决。

4.3.6 标线线形应流畅,与公路线形相协调,曲线圆滑,不得出现折线(图4.3.6)。

图4.3.6 标线线形

4.3.7 为了提高路面与标线的黏结力,除刚完成施工,无污染的沥青路面外,其余路面标线的施工应使用下涂剂。

4.3.8 下涂剂用量宜根据路面情况和下涂剂特性确定,涂洒宽度应比标线放样宽度稍宽。

4.3.9 划线前应对划线设备进行调试,重点检查设备的瞄准杆、喷火嘴、出料口等关键部位。

4.3.10 涂料加热应充分搅拌,保持加热均匀。釜内加热温度应比试验最佳涂敷温度高10℃左右,但不得超过最高限制温度。

4.3.11 施工现场应采用手持红外测温仪和热熔釜内温度计对涂敷温度进行双控,有条件时,建议采用温度自动监控设备。

4.3.12 正式施划前应在铁板上进行试划,对施划速度、宽度、标线厚度、玻璃珠撒布量等参数进行检验。

4.3.13 面撒玻璃珠宜采用双撒布器工艺(附录B),按照试验所得最佳撒布量要求的撒布量,先撒布大粒径玻璃珠,后撒布小粒径玻璃珠(图4.3.13)。玻璃珠的嵌入深度以1/2直径控制,反光效果最佳。玻璃珠应撒布均匀,附着牢固。

4.3.14 划线时要注意车道边缘线不得侵占行车道宽度,并按设计要求留出5~10cm的缺口。对超高横坡较大路段,宜加密缺口,利于路面排水。

4.3.15 所有标线均应按设计图中所规定的标线宽度一次成型,不得在宽度方向进行拼接。

4.3.16 标线涂料表面不得出现起泡、剥落等现象。

4.3.17 标线施工后,应注意保护标线,冷却成型后方可开放交通。

4.3.18 突起路标的设置位置应根据设计文件的要求确定,反射体应面向行车方向。

4.3.19 位于禁止跨越同向或对向行车道分界线上的突起路标,在施划标线时应采取措施预留突起路标的位置。

a) b)

图 4.3.13 标线施划

4.3.20 突起路标施工时路面应清洁干燥,并涂加符合设计要求的黏合剂。在黏合剂固化后,方可开放交通。

5 波形梁护栏

5.1 一般规定

5.1.1 施工单位应在开工前核对护栏设置形式与路堤高度、构造物、路侧环境是否相符,不符时应上报建设单位和监理单位,由建设单位协调解决。

5.1.2 施工单位应通过首件制明确工艺要求,对其在施工过程中出现的通病提出防治要求,并强化护栏立柱的线形、竖直度、护栏高度等控制措施。

5.1.3 施工前,施工单位应安装调整液压打桩机、运输车等设备,标定、检查钢卷尺、千分尺或超声波测厚仪、涂层测厚仪等。

5.1.4 波形梁护栏及立柱堆放时应保证通风,现场堆放要做好围蔽,摆放警示标志。

5.1.5 护栏施工作业时,应在施工区域前后设置安全警示标志、安全彩旗等,作业完成后,将现场清理干净。

5.1.6 改(扩)建工程应以既有护栏防护等级适用性和实际防护等级交通安全性评价结果为基础,根据改造设计方案,分别采用再利用、加固改造或拆除重建等方法进行施工。

5.2 工序流程

5.2.1 波形梁护栏工序流程可参照:施工准备→测量放样→立柱定位→立柱安装→安装波形梁板及配件→调整护栏线形→拧紧螺栓→成品检验。

5.3 控制要点

5.3.1 立柱放样应符合下列要求:
1 应根据设计文件进行立柱放样,包括过渡段及渐变段的护栏立柱,并以桥梁、通道、涵洞、隧道、中央分隔带开口、互通式立体交叉等为控制立柱的位置,进行测距定位。当路堤段设置急流槽时,立柱放样应以路堤急流槽位置作为控制点,进行放样。

2 立柱放样时可利用调节板调节间距,并利用分配方法处理间距零头数。

5.3.2 材料运输应符合下列要求:

1 波形梁板、立柱卸车时需采取隔离保护措施,避免磨损表面涂层、损伤路面;波形梁护栏宜采取 M 形放置。

5.3.3 立柱安装(图5.3.3)应符合下列要求:

1 立柱施打前,应做好施工机械的检查,并采取铺设土工布或彩条布等隔离措施,避免机油等对已完工路面造成污染。

2 位于小桥、通道、明涵等混凝土基础中的立柱,设置在预埋的套筒内时,可通过灌注砂浆或混凝土固定;通过地脚螺栓与混凝土基础相连时,应控制立柱的安装方向和高程。

3 石方区或填石区的立柱,应采用钻孔法施工。立柱高程应符合设计要求,并不得损坏立柱端部和切割立柱。

4 为保证横梁中心高度,立柱施打宜预留10cm暂不打入,待上面层施工完成后再二次施打。

5 立柱打入过深时,不得只将立柱部分拔出加以矫正,应将其全部拔出,待基础压实后再重新打入。

6 立柱偏位时,应将其全部拔出,待用路基土回填压实后再重新打入。

a)   b)

图5.3.3 立柱安装

5.3.4 防阻块、托架、横隔梁安装应符合下列要求:

1 在波形梁板安装前,防阻块、托架、横隔梁与立柱间的连接螺栓不应过早拧紧(图5.3.4)。

5.3.5 横梁安装应符合下列要求:

1 波形梁板应通过拼接螺栓相互连接成纵向横梁,并由连接螺栓固定于防阻块、托架或横隔梁上。波形梁板拼接方向应与行车方向一致,如图5.3.5所示。拼接螺栓应采用高强螺栓。

a) b)

图 5.3.4 防阻块安装

图 5.3.5 波形梁板拼接方向示意图

2 立柱间距不规则时,可利用调节板、梁进行调节,不得采用现场切割波形梁板的方法。

3 所有的连接螺栓及拼接螺栓应在护栏线形调整后拧紧。终拧力矩应满足规范和设计图纸要求。

5.3.6 波形梁板和立柱不得现场焊割和钻孔。

5.3.7 各类护栏端头应通过拼接螺栓与波形梁板牢固安装,拼接螺栓应采用高强螺栓,波形梁板的上横梁应按照规范和设计图纸要求进行端部处理。

5.3.8 波形梁护栏施工完成后,施工单位应对高强螺栓数量进行逐段检查,并逐个拧紧螺栓(图5.3.8)。建设单位、监理单位应按不少于20%的比例进行抽检。检测采用扭力扳手,力矩值应符合相关设计或现行《公路交通安全设施施工技术规范》(JTG/T F71)的要求。

图 5.3.8 护栏螺栓安装

5.3.9 施工完成后,施工单位应对过程中产生的防腐层损坏进行修补,部分损坏严重的,应进行更换。

6 缆索护栏

6.1 一般规定

6.1.1 施工单位应在开工前核对施工图设计与现场实际是否相符,调查立柱下是否存在地下管线、构造物等设施并进行适当处理,不符时应上报建设单位和监理单位,由建设单位协调解决。

6.1.2 缆索用钢丝绳采用热浸镀锌防腐处理时,应采用单丝进行热浸镀锌的办法,镀锌层质量应为 $250g/m^2$。

6.1.3 施工单位应通过首件制明确工艺要求,对其在施工过程中出现的通病提出防治要求,并强化对护栏立柱的线形、竖直度以及缆索张力等的控制措施。

6.2 工序流程

6.2.1 缆索护栏工序流程可参照:施工准备→放样→端部立柱和中间端部立柱的设置→中间立柱的设置→托架安装→架设缆索→成品检验。

6.3 控制要点

6.3.1 放样

1 应根据设计和现场桥梁、涵洞、通道、路线交叉、隧道等的分布确定控制立柱的位置,并测定控制立柱之间的间距,据此调整端部立柱、中间端部立柱、中间立柱的设置位置。

6.3.2 端部立柱和中间端部立柱

1 应根据设计文件的要求,将立柱、斜撑及底板焊接成牢固的三角形支架。

2 应根据最终确定的立柱位置开挖基坑、浇筑混凝土基础,到达规定高程时,应对三角形支架进行准确定位。基坑开挖、地基检验、地基处理及混凝土的浇筑应符合现行《公路桥涵施工技术规范》(JTG/T 3650)及设计文件的规定。

3 位于桥梁、涵洞、通道、挡土墙等构造物的端部立柱和中间端部立柱,应根据设计文件的要求进行基础预埋。

6.3.3 中间立柱

1 中间立柱应定位准确,纵向和横向位置与公路线形一致。

2 位于土基中的中间立柱,可采用打入法施工;位于石方区或填石区的中间立柱,可采用钻孔法或挖埋法施工。立柱高程应符合设计要求。

3 位于混凝土基础中的中间立柱,可设置在预埋的套筒内,通过灌注砂浆或混凝土固定,或通过地脚螺栓与混凝土基础相连。

6.3.4 托架安装

1 中间立柱或中间端部立柱上的托架,应按设计文件规定的托架编号和组合正确安装。

6.3.5 架设缆索

1 缆索应在端部立柱和中间端部立柱的混凝土基础达到设计强度的80%后架设。架设前,应再次检查端部立柱、中间端部立柱和中间立柱的位置,立柱与基础连接的牢固程度以及立柱的垂直度、高程应满足设计要求。

2 缆索应支放在立柱的内侧,通过中间支架向另一端滚放。不得在路面上长距离拖拽缆索。

3 可用楔子固定或注入合金的方法将一端的缆索锚固在索端锚具上,如图6.3.5-1所示。

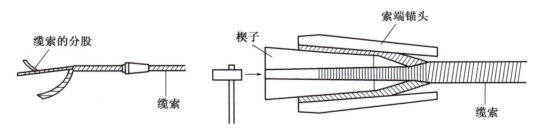

图6.3.5-1 缆索的分股和楔子锚固

4 应在另一端部立柱或中间端部立柱上设置倒链滑车或杠杆式倒链张紧器将缆索临时拉紧,如图6.3.5-2所示。B级和A级缆索护栏的初拉力应为20kN,其他构造或等级的缆索护栏初拉力应符合设计文件的规定。

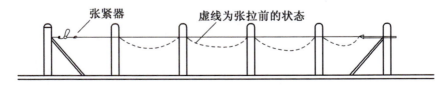

图6.3.5-2 临时张拉缆索

5 应根据索端锚具的规格,切断多余的缆索,如图6.3.5-3所示。缆索切断面应垂直整齐,不得松散,可按本款第 3 项规定的方法锚固在索端锚头上。

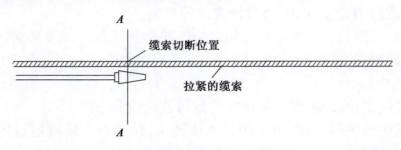

图 6.3.5-3　缆索切断的位置

6　索端锚具安装到端部立柱或中间端部立柱后,方可卸除临时张拉力。
7　缆索应按从上向下的顺序架设。
8　缆索调整完毕后,应拧紧各中间立柱、中间端部立柱托架上的夹扣螺栓。

7 混凝土护栏

7.1 一般规定

7.1.1 施工单位、监理单位应加强混凝土配合比管控,通过首件制确定在满足混凝土强度条件下取得最佳外观的配合比,并对混凝土护栏的外观、线形、保护层厚度等提出改进要求。

7.1.2 采用滑模摊铺工艺施工时,应加强混凝土运输组织,保证供料速度与摊铺速度相适应,避免发生料多废弃或等料停机现象。

7.1.3 采用预制混凝土护栏施工时,应采取集中预制方式,预制场地应满足标准化管理要求,经建设单位、监理单位专项审批、验收后方可投入使用。

7.1.4 混凝土护栏施工应与排水设施相结合,保证排水畅通。

7.1.5 隧道入口护栏应保持视线诱导系统的连续性、一致性,线形协调一致,过渡平顺。

7.2 工序流程

7.2.1 预制混凝土护栏工序流程可参照:施工准备→预制块制作→测量放样→预制块安装→安装调平→成品检验。

7.2.2 采用固定模板法现浇混凝土护栏工序流程可参照:施工准备→测量放样→护栏基础施工→钢筋制安→模板安装→混凝土浇筑→拆模养生→切缝→成品检验。

7.2.3 采用滑模摊铺法现浇混凝土护栏工序流程可参照:施工准备→测量放样→基础施工→钢筋制安→机械就位→滑模摊铺→养生→切缝→成品检验。

7.3 控制要点

7.3.1 施工单位应加强测量放样工作,采取挂线等方法控制护栏整体线形。测量放样时,对于直线段,宜不超过每10m测1个护栏内边缘点,曲线段则应根据实际计算确定,并根据放样点弹出护栏内边线,立模时可根据该线进行微调,保证护栏线形顺畅。建设单位、监理单位应加强模板安装工序验收管理。

7.3.2 钢筋保护层垫块宜采用梅花形混凝土垫块,其强度不小于混凝土护栏混凝土的强度,以1m左右的间距呈梅花形布置,用箍丝将塑料垫块在钢筋上绑扎牢固,防止在模板安装时保护垫块发生滑动或移位。

7.3.3 预制混凝土护栏应符合下列要求:

1 宜采用组合定型钢模板,严控模板加工精度,确保模板刚度。

2 所有钢筋均按设计图纸加工成型,人工将钢筋放入预先加工好的胎架上进行绑扎,在钢筋绑扎过程中,对连接护栏的预埋槽钢等预埋件,绑扎要牢固,装入模板内后,要保证设置位置正确且牢固。

3 护栏预制使用的底模放置在相应的台座上,使用前应进行打磨;侧模在使用前应进行试拼,并编号,方便下次拼装。

4 混凝土采用拌和楼集中搅拌。混凝土的振捣应由专人负责,采用振动台加插入式振捣棒进行振捣。振捣时严格控制振捣时间和振捣位置,振捣至混凝土不再下沉,无气泡上升,表面平整,并有薄层水泥浆泛出为止。

5 拆模的时间通过拆模时预制件是否掉边确定。将吊环设置在护栏背面离护栏顶面约20cm处,利用吊环进行脱模。拆模过程中应采用橡胶锤适量敲打,确保不出现啃边、掉角及磕碰现象。

6 混凝土护栏养护区应设置自动喷淋养护设备(图7.3.3),护栏用土工布覆盖,养生期间混凝土表面始终保持湿润状态。

图7.3.3 自动喷淋养护设备

7 混凝土护栏构件在安装前,应先精确放样定位,然后开始安装。混凝土护栏的安装应从一端逐步向前推进。护栏在桥头和上跨主线桥桥墩处采用现浇渐变段的方式与桥梁混凝土护栏连接。

8 在起吊、运输和堆放过程中,不得损坏混凝土护栏构件的边角。

7.3.4 采用固定模板法现场浇筑混凝土护栏时应符合下列要求:

1 钢筋绑扎时、模板安装前应根据设计图纸将相关预留预埋件预埋到护栏内。预留预埋件尺寸应符合设计要求,测量放样时应保证其位置准确无误。

2 混凝土护栏模板宜采用外加工装配式钢模板。为了保证模板不变形,在模板边缘和部分横竖肋位置用槽钢加强。钢模板使用前应在现场进行预拼装,并对每块板编号。为了固定模板,在模板底部预留穿墙螺栓孔,孔的高度以桥面铺装施工后能盖住为宜。

3 混凝土应经首件制取得外观最佳的配合比用于护栏施工,防撞护栏混凝土施工时以相邻两断缝之间混凝土为一个浇筑单元,每一个浇筑单元分3层一次浇筑成型,以避免或减少防撞护栏倒角处产生气泡、水纹等病害。混凝土浇筑从一端开始,按水平分层斜向推进。最底层混凝土浇筑高度达到内侧模板下部的第1个转角处,第2层混凝土浇筑高度达到内侧模板的第2个转角处,第3层混凝土直接浇筑到顶面。

4 混凝土护栏混凝土浇筑完成后应进行顶面的修饰,保证表面平整、光滑。顶面修饰应进行三次收浆,第1次用木抹子抹平,第2次用铁抹子抹平压光,第3次待混凝土初凝前再用铁抹子压光。

5 模板拆除期限应在混凝土强度能够保证其表面及棱角不致因拆模而受损坏的情况下拆除。拆模后要及时切出变形假断缝,纵向每3~5m一条,缝深2cm、宽3mm,防止护栏混凝土产生竖向收缩裂纹。混凝土保湿养护时间一般为7d。

7.3.5 采用滑模摊铺法现场浇筑混凝土护栏时应符合下列要求:

1 滑模摊铺机的选择应根据混凝土护栏基础、上部断面形式等因素,并参考滑模摊铺机的性能确定。滑模摊铺机械系统应配套齐全,辅助设备的数量及生产能力应满足铺筑进度的要求。布料应采用斜向上料的布料机或供料机。

2 开工前,施工单位应检查并平整滑模摊铺机的履带行走区。行走区应坚实,不得存在湿陷等病害,并应清除石块、废弃混凝土块等杂物。履带行走区部位路基存在斜坡时,应提前整平。

3 摊铺前应检查并调试施工设备。滑模摊铺机首次作业前,应挂线对其铺筑位置、几何参数和机架水平度进行设置、调整和校准。

4 滑模摊铺护栏前应准确架设基准线。基准线桩纵向间距直线段不宜大于10m,竖曲线和平曲线路段宜为5~10m,大纵坡与急弯道可加密布置。基准线桩最小距离不宜小于2.5m。单根基准线的最大长度不宜大于200m,架设长度不宜大于150m。基准线宜采用钢绞线。

5 摊铺时拌合物的坍落度应为0;出拌和楼(机)的坍落度视气温高低与运距远近,宜控制在15~30mm,运距长时用大值。

6 混凝土振捣由设置在滑模机上的液压振动器完成,振动器应能根据混凝土的坍落度无级调速,一边振动一边前进。护栏的摊铺速度应根据供料快慢、振捣密实程度、摊铺效果等控制,宜在0.75~1.5m/min。护栏表面气孔、局部麻面等缺陷可使用专用工具进行人工修正(图7.3.5)。滑模摊铺护栏停止,需再纵向接铺时,应牢固架设刚度足够的端部垂直模板。

图 7.3.5 滑模施工

7 护栏假缝和伸缩缝的规格应符合设计文件的规定。设计文件未规定时,护栏纵向宜切缝,长度宜为 5~10m,年温差较大地区宜取小值,反之,宜取大值。外周切缝最浅不宜小于 40mm,缝宽不宜大于 3mm。

8 中央分隔带开口护栏

8.1 一般规定

8.1.1 施工单位应对设计图纸中中央分隔带开口护栏的形式进行市场调查,择优选用满足防护等级的产品。

8.1.2 中央分隔带开口护栏的防护等级应满足设计要求,安全性能应符合现行《公路护栏安全性能评价标准》(JTG B05-01)的规定。

8.1.3 中央分隔带开口护栏应在工厂加工制作,如有预埋基础,宜在面层施工前完成,其余部分在路面施工后安装。

8.1.4 中央分隔带开口护栏安装完毕后,施工单位应将中央分隔带开口护栏安装及开启说明书和相应专用工具移交建设单位,由建设单位移交营运单位保管。

8.2 工序流程

8.2.1 中央分隔带开口护栏工序流程可参照:施工准备→测量放样→基础施工或立柱安装→中央分隔带开口护栏安装→调整线形→成品检验。

8.3 控制要点

8.3.1 中央分隔带开口护栏应按设计要求顺接中央分隔带护栏过渡段两端,并控制平面位置与高程,保证平面处于线路中心线,高程宜与两端护栏齐平(图8.3.1)。

8.3.2 基础施工完成后应对预留孔采取保护措施,防止杂物落入。中央分隔带开口护栏安装完毕后,应对预埋套筒口进行封闭处理。

8.3.3 对有防眩和视线诱导要求的路段,应按设计文件要求安装防眩设施和视线诱导设施。

图 8.3.1　中央分隔带开口护栏

8.3.4　中央分隔带开口护栏安装完成后，应进行开启与关闭的调试，宜在 10min 内开启至少 10m。

9 缓冲设施

9.1 一般规定

9.1.1 防撞端头、防撞垫的使用应适应公路线形、路面条件、路肩宽度等条件。

9.1.2 防撞端头所选取的形式、材料应与护栏相协调,便于连接处理。

9.1.3 缓冲设施等产品应提供满足现行《公路护栏安全性能评价标准》(JTG B05-01)要求的安全性能评价报告。

9.2 工序流程

9.2.1 缓冲设施工序流程可参照:施工准备→放样→固定锚固→安装缓冲设施→成品检验。

9.3 控制要点

9.3.1 缓冲设施的放样应以其后部的被防护结构为主要控制点,考虑与后部的护栏结构连接方便、顺畅。

9.3.2 放样后,应确认防撞垫施工不会对地下设施造成损坏,否则,应调整防撞垫与路面基础或防撞垫末端支撑结构与路面基础的连接方式。

9.3.3 缓冲设施的安装线形应与三角端护栏(或其他被防护构造物)线形相协调(图9.3.3)。

9.3.4 缓冲设施所有构件不得现场焊割和钻孔。

 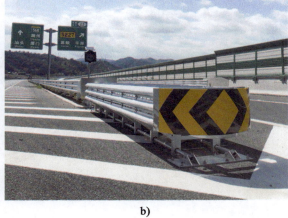

a)　　　　　　　　　　　　　　　b)

图 9.3.3　防撞垫完工效果

10 视线诱导设施

10.1 一般规定

10.1.1 视线诱导设施应在具备安装条件时施工。其中附着于护栏的轮廓标应在护栏校正验收后安装,柱式轮廓标应在路面完成后施工,隧道轮廓标、轮廓带应在隧道完工后施工。

10.1.2 改(扩)建工程中拆除的视线诱导设施符合现行《公路交通安全设施设计规范》(JTG D81)和设计文件的要求时,宜重复利用或作为施工期间临时设施使用。

10.1.3 自发光视线诱导设施的材料选择应注意设置地点温度、湿度等环境条件要求,确保其使用寿命及工作条件满足设计要求。

10.1.4 隧道内宜采用 LED 主动发光轮廓标。

10.2 工序流程

10.2.1 柱式轮廓标工序流程可参照:施工准备→测量放样→基础施工→安装柱式轮廓标→成品检验。

10.2.2 附着式轮廓标工序流程可参照:施工准备→测量放线→量距定位→安装轮廓标→调整反射器角度→成品检验。

10.2.3 隧道轮廓带的工序流程可参照:施工准备→量距定位→打孔预埋→安装轮廓带→成品检验。

10.2.4 示警桩、示警墩、道口标柱工序流程可参照:施工准备→量距定位→基础开挖→安装立柱→浇筑基础混凝土或法兰盘连接→成品检验。

10.3 控制要点

10.3.1 轮廓标施工应符合下列要求：

1 轮廓标安装完成后应与公路线形保持一致，安装高度宜保持一致，设置间隔均匀。安装角度准确、夜间应具有良好的反光性能，逆反射性能应符合现行《轮廓标》(GB/T 24970)的规定。

2 附着于梁柱式护栏上的轮廓标可按立柱间距定位(图10.3.1-1)，附着于混凝土护栏和隧道侧墙上的轮廓标应量距定位(图10.3.1-2)。

图10.3.1-1 路基段附着式轮廓标　　　　图10.3.1-2 桥梁段附着式轮廓标

3 附着式轮廓标反射器的安装角度应符合设计文件的规定，连接应牢固。

10.3.2 隧道轮廓带施工应符合下列要求：

1 隧道轮廓带安装位置应与行车方向垂直，并与隧道连接牢固。

2 隧道轮廓带应避免产生眩光，安装后不得侵入公路建筑限界(图10.3.2)。

图10.3.2 隧道轮廓带

10.3.3 示警桩、示警墩、道口标柱的位置应与公路线形相协调。

11 隔离栅

11.1 一般规定

11.1.1 本章仅适用于新改(扩)建的高速公路。

11.1.2 施工前,施工单位应对隔离栅的设置条件、设置位置和数量等进行核对,并对隔离栅所在位置场地进行平整。

11.1.3 施工单位应通过首件制明确工艺要求,并强化对隔离栅的线形、立柱竖直度、外露高度等的控制措施。混凝土立柱应密实,无裂缝等缺陷,预埋挂钩位置准确。为方便运输、安装,隔离栅立柱宜采用轻型复合材料或其他满足现行《隔离栅》(GB/T 26941)要求的新材料。

11.1.4 改(扩)建工程中拆除的隔离栅网片、立柱等,经局部修补或翻新等方式进行处理、检验合格后,符合现行《公路交通安全设施设计规范》(JTG D81)和设计文件的要求时,宜重复利用或作为施工期间临时设施使用。

11.1.5 所有钢构件均应进行防腐处理,可采用热浸镀锌、锌铝合金涂层、先镀锌后浸塑等处理工艺。

11.2 工序流程

11.2.1 隔离栅工序流程可参照:施工准备→测量放样→基坑开挖→立柱埋设→网片(刺钢丝)安装→立柱基础压实→成品检验。

11.3 控制要点

11.3.1 隔离设施的放样应根据设置位置和实际地形、地物条件等确定控制立柱的位置、立柱中心线和高程,确保隔离栅与公路线形走向一致,顺直、流畅,纵坡起伏自然、美观(图11.3.1-1、图11.3.1-2)。

图11.3.1-1　刺钢丝隔离栅完工效果　　　　图11.3.1-2　网片隔离栅完工效果

11.3.2　施工单位应根据项目实际征地范围进行围蔽,隔离栅的封闭应严密、牢固,不应出现缺口。设置在排水沟、桥下应急池等段落时,应增加围蔽设施加以围封。在桥涵等构造物处,应将隔离栅与构造物有效连接。

11.3.3　混凝土基础尺寸、立柱的垂直度和柱间距应符合设计文件的规定,经检验合格后,可进行下道工序(图11.3.3-1、图11.3.3-2)。

图11.3.3-1　立柱基础检测　　　　图11.3.3-2　立柱的垂直度检测

11.3.4　立柱基础混凝土强度达到设计强度的80%后,可安装隔离栅网片或刺钢丝。

11.3.5　刺钢丝隔离栅施工时,应用紧线器拉紧。

11.3.6　隔离栅的活动门应便于开启、保证强度,隔离栅活动门两侧各10m范围内的隔离栅基础应根据设计文件的规定进行加强。

12 防落网

12.1 一般规定

12.1.1 除设计文件另行规定外,防落物网应在桥梁护栏施工完毕后开始施工,防落石网应在公路路堑边坡施工完毕后开始施工。

12.1.2 防落物网基础应安装牢固,宜采取预留预埋方式。

12.1.3 需要设置防落物网的桥梁采用分离式结构时,应在桥梁内侧设置防落物网。采用整体式结构时,可在桥梁护栏中间增加安装防落物网(平抛网)。

12.1.4 已设置声屏障的路段可不设置防落物网。

12.1.5 设置防落石网前,应保证路堑边坡的土体、岩石稳定和安全。

12.1.6 改(扩)建工程中拆除的防落网网材、支撑钢材等,经局部修补或翻新等方式进行处理、检验合格后,符合现行规范和设计文件的要求时,宜重复利用。

12.2 工序流程

12.2.1 防落物网施工流程可参照:施工准备→放线→立柱安装→网片安装→防雷接地处理→成品检验。

12.2.2 防落石施工流程网可参照:施工准备→清坡→放线→立柱及拉锚绳安装→支撑绳安装→钢丝绳网(或环形网)安装→格栅安装→防雷接地处理→成品检验。

12.3 控制要点

12.3.1 防落物网

1 防落物网应以上跨桥梁与公路、铁路等设施的交叉点为控制点,向两侧对称进行施工。当上跨桥梁为斜交时,防落物网的长度应根据设计文件的要求作相应调整。

2　应根据立柱预埋基础的位置安装立柱。未设置预埋件时,应根据设计单位的变更文件,采取后固定的施工工艺设置立柱。

3　防落物网的网片应牢固地安装在立柱上,网片应平整、绷紧。防落物网的封闭应严密、牢固,不应出现缺口(图12.3.1-1、图12.3.1-2)。

图12.3.1-1　防落物网　　　　　　　　图12.3.1-2　防落物网(平抛网)

4　防落物网的设置不应侵入公路建筑限界。

12.3.2　防落石网

1　在设置防落石网前,应对路堑边坡上方的浮土和危石进行清理,做好安全防护工作,在落石网上下方5m以内将可能影响防落石网安装及使用的绿化清除,防落石网应在满足公路交通安全的条件下进行施工。

2　直接设置于基岩或坚硬岩石的地脚螺栓可通过钻孔的方式进行安装,用水泥砂浆将地脚螺栓浇筑,钻孔的深度一般不小于1m;设置混凝土基础的方式时,可采取预置或现浇混凝土基础的方式进行施工。

3　在基础强度达到设计强度的80%后进行立柱及拉锚绳的安装。立柱应与拉锚绳同时安装,并在安装后通过改变拉锚绳张拉段的长度,将立柱调整到设计的安装倾角。

4　可采用绳卡或卸扣将钢丝绳网(或环形网)临时悬挂在上支撑绳上,且网上的悬挂点宜在上沿网孔以下,以方便下一步的缝合连接。缝合从一端开始逐步向另一端,直至所有钢丝绳网(环形网)形成一个整体。

13 防眩设施

13.1 一般规定

13.1.1 施工单位应通过首件制明确施工工艺要求,对其在施工过程中出现的通病提出防治要求,并强化对防眩板的线形、安装间距等的控制措施。

13.1.2 桥梁护栏段宜采用防眩网,中央分隔带开口护栏和双向匝道宜采用防眩板。沿海或台风多发地区宜采用防眩网。

13.1.3 桥梁段或混凝土护栏上设置防眩板、防眩网时,应对预埋件的设置位置、强度和腐蚀程度进行检查,不符合要求的应整改。

13.1.4 防眩设施中心线应尽量与路线中心线在同一轴线上,路基与桥梁连接位置的防眩设施高度应一致。安装完成后,应进行二次校正。

13.1.5 中央分隔带开口护栏设置防眩设施时,应提前核实并预埋预设安装设施。

13.1.6 植树防眩的植树高、冠幅和株距应符合设计文件的规定。

13.1.7 各种防眩方式之间衔接应平顺,不得有突变及漏光现象。

13.1.8 改(扩)建工程中拆除的防眩设施防眩板、防眩网、支撑钢材等,经局部修补或翻新等方式进行处理、检验合格后,符合现行《公路交通安全设施设计规范》(JTG D81)和设计文件的要求时,宜重复利用或作为施工期间临时设施使用。

13.2 工序流程

13.2.1 防眩板工序流程可参照:施工准备→测量放样→基座施工→防眩板安装→二次校正→成品检验。

13.2.2 防眩网工序流程可参照:施工准备→测量放样→基座施工→立柱安装→网片

安装→成品检验。

13.3 控制要点

13.3.1 混凝土护栏上的防眩板或防眩网安装时应符合下列规定：

1 防眩板或防眩网可通过混凝土护栏顶部的预埋件及连接件安装在混凝土护栏上。未设置预埋件时，可根据设计单位的变更文件，采取后固定的施工工艺安装。

2 在桥梁段或混凝土护栏上钻孔安装膨胀螺栓时，应使用钢筋保护层厚度测定仪等设备，准确放样定位，有效避让护栏钢筋。

3 防眩板或防眩网下缘与混凝土护栏顶部的间距应符合设计文件的规定。安装过程中，应保证防眩板、防眩网的高度及垂直度，以免下缘漏光过量影响防眩效果。

4 在易发生漏光的曲线路段，可采用加密防眩板或改为防眩网等方式进行处理。

5 防眩板或防眩网安装后，不得削弱混凝土护栏的原有功能。

13.3.2 波形梁钢护栏上的防眩板或防眩网安装时应符合下列规定：

1 防眩板或防眩网安装在波形梁钢护栏上时，不得削弱波形梁钢护栏的原有功能。

2 防眩板或防眩网下缘与波形梁钢护栏顶面的间距应符合设计文件的规定，以免漏光过量影响防眩效果。

3 防眩板或防眩网通过连接件与波形梁钢护栏连接，施工过程中不应损伤波形梁钢护栏的金属涂层。

13.3.3 独立设置立柱的防眩板或防眩网安装时应符合下列规定：

1 防眩板或防眩网单独设置时，立柱一般直接落地埋在中央分隔带内。施工前应了解管线埋深及位置，处理好与其他中央分隔带内构造物的关系。立柱埋设在其他位置时，也应进行场地清理。

2 混凝土基础开挖达到规定深度后，应夯实基底，调整好垂直度和高程，夯实回填土。施工中不得损坏中央分隔带地下排水系统及通信管线或电缆管线。

13.3.4 防眩网安装应按照安装方向先将整段（桥）摆放后，再从起点到终点安装，安装完成后从起点到终点进行检查。

13.3.5 防眩板或防眩网安装完成后，整体应与公路线形协调一致，不得出现高低不平或者扭曲的外形，其设置路段、防眩高度、遮光角应满足设计要求（图13.3.5-1、图13.3.5-2）。

13.3.6 防眩板或防眩网外观不应有划痕、颜色不均、变色等外观缺陷。表面不得有气泡、裂纹、疤痕、断面分层、毛刺等缺陷。镀锌层受损伤后，应在24h之内用高浓度锌进行涂补，必要时应予更换。

13 防眩设施

图 13.3.5-1　防眩板

图 13.3.5-2　防眩网

14 避险车道

14.1 一般规定

14.1.1 避险车道施工前应对公路线形和避险车道位置进行测量复核,符合要求后方可施工。

14.1.2 运营期间增设避险车道,应加强施工作业安全管理工作。

14.1.3 对避险车道制动材料应加强日常养护巡查,发现材料板结的应及时翻松清理。

14.2 工序流程

14.2.1 避险车道工序流程可参照:施工准备→测量放样→基床、排水系统、服务车道施工→铺设制动材料→末端消能设施→交通安全设施施工→成品检验。

14.3 控制要点

14.3.1 避险车道的基床施工完毕后,在铺设制动材料前,应对基床表面进行清扫,基床表面不应留有杂物或其他材料。

14.3.2 制动床铺装集料的规格和级配应符合设计文件的要求,并应根据现行《公路工程集料试验规程》(JTG E42)的规定对铺装材料进行抽样筛分。

14.3.3 避险车道施工完毕后,再进行末端消能设施的安装或放置,消能桶的填充物应与制动床的铺设材料一致。

14.3.4 施工结束前,应对制动床铺装材料进行整平工作,除按设计要求做的隆起部分外,其表面不应有明显的突起及凹陷(图14.3.4)。

14 避险车道

a)   b)

图 14.3.4 避险车道

15 声屏障

15.1 一般规定

15.1.1 施工图设计阶段建设单位应联合环评单位、设计单位、沿线地方代表开展噪声敏感点调查,并保留影像资料,结合道路红线距离、道路高度、交通量预测等指标进行详细声学分析,以技术可行、经济合理的原则进行声屏障设计。

15.1.2 施工单位进场后,建设单位应根据环保监测成果、沿线群众诉求、交通安全设施设置等因素组织设计单位、环评单位、地方代表进行声屏障设计优化论证。

15.1.3 为保障声屏障的耐久性能,所有钢构件均应先加工制作,后热浸镀锌,镀锌后不得切割加工。

15.1.4 金属立柱、连接件和声屏障屏体在运输时应采取可靠措施,防止构件变形,变形构件不得安装。

15.1.5 声屏障屏体声学性能应满足设计要求并应有声学性能检测报告。监理单位应抽检屏体质量,每批次屏体到场后,应采取破坏性手段拆开核验屏体内部结构。

15.1.6 施工单位应通过首件制明确工艺要求,对其在施工过程中出现的通病提出防治要求,并强化对基础、屏体安装等的控制措施。

15.1.7 声屏障施工整体外观线形应保持与公路一致,避免遮挡标志或影响行车视距。

15.1.8 在通行的路侧范围内施工应采取必要的交通安全措施。施工时间宜安排在昼间。

15.2 工序流程

15.2.1 砌块类声屏障工序流程可参照:施工准备→测量放样→基础施工→预制块砌

筑→外墙装饰→植泥→植物种植→成品检验。

15.2.2 板类声屏障工序流程应符合下列规定:

1 路基侧声屏障工序流程可参照:施工准备→测量放样→钢管桩施工→基础施工→立柱安装→屏体安装→成品检验。

2 桥梁侧声屏障工序流程可参照:施工准备→测量放样→底座施工→立柱安装→屏体安装→成品检验。

15.3 控制要点

15.3.1 声屏障预埋的地脚螺栓应保证锚固长度,焊接时不得伤及地脚螺栓,预埋后对露出的螺纹进行保护。

15.3.2 地梁开挖及施工应避开降雨期,并做好场地排水及安全围蔽。

15.3.3 声屏障钢管桩施工应避开路侧机电管线、急流槽、路面盲沟等结构物,如无法避让,应及时通知建设、设计、监理单位研究处理。

15.3.4 桥梁护栏处声屏障安装前应对混凝土护栏形式进行调查,按设计文件确定声屏障立柱基座固定形式。立柱基座应避开桥梁混凝土护栏伸缩缝位置。

15.3.5 路基过渡段地梁与桥梁混凝土护栏衔接部位应采用砂浆填实,混凝土护栏侧面安装槽钢与膨胀螺栓固定非标隔声板,槽钢需由厂家定制镀锌,不得现场切割。

15.3.6 标志牌处声屏障安装前应查明标志牌基础的位置及深度,减少地梁或基础施工对原基础的干扰,声屏障基础及上部构件不得与标志牌构件刚性相接。上部板件安装位置不得遮挡标志牌(图15.3.6)。

图15.3.6 路基段声屏障

15.3.7 当声屏障安装遇到较大斜坡时宜以整体线形进行控制。

15.3.8 声屏障屏体不得有明显漏缝,声屏障屏体与基础之间的缝隙应用泡沫胶进行密封。

15.3.9　砌块体声屏障植泥中应保证其有机质含量，做好底部透水层，选取本地植物，施工完成后应做好管养。

15.3.10　声屏障安装应做好配套的排水工程，确保排水系统通畅（图15.3.10）。

图15.3.10　声屏障基础施工

16 改(扩)建工程交通安全设施

16.0.1　改(扩)建工程应依托总体交通组织方案,围绕永临结合管理思路,提前布局各阶段交通安全设施利用原则,优化提升各分项工程实施方案。

16.0.2　改(扩)建工程临时交通安全设施应进行首件制工程总结。

16.0.3　改(扩)建工程临时通行期间应定期对交通安全设施进行维护,确保防撞设施安全有效、标志牌完好、标线清晰、轮廓诱导清晰等。

16.0.4　改(扩)建工程交通安全设施施工进场早、工期长、材料批次多,各项交通安全设施原材料、成品、半成品存放除符合本指南第2.5节的有关规定外,应设立专门利旧材料存放区域。

16.0.5　交通标志设置应符合下列要求：

1　改(扩)建工程应参考旧路标志牌板面内容及功能,进一步整合、提升原有标志牌位置及板面内容,可将路侧标志牌集中安装至门架,如互通及服务区出入口提示、限速标志牌及远程地点提示等,路侧则加强安全警告及提示类标志牌设置。

2　改(扩)建工程旧路标志牌拆除前应进行统一规划、统筹管理,拆除标志牌宜用作改(扩)建施工临时标志牌使用。

16.0.6　交通标线设置应符合下列要求：

1　改(扩)建工程路面临时标线施工应便于后期清除,可采用预成型标线或热熔标线。

2　改(扩)建工程临时标线及旧路标线清除宜采用专用预成型标线清除设备及高压水清除设备,不得使用火烤、加热去除等工艺,且不应破坏路面结构,不降低路面高程等。

16.0.7　波形梁钢护栏设置应符合下列要求：

1　改(扩)建工程应重点兼顾交通安全设施工程与路面工程交叉施工有序进行,采取有效措施确保路面结构层边部压实到位,且避免波形梁钢护栏二次拆装影响材料质量。

2　改(扩)建工程波形梁钢护栏使用周期长,后期应采用护栏板专用清洗设备进行彻底清洗,确保最终营运时护栏板洁净、无油污。

16.0.8 混凝土护栏设置应符合下列要求：

1 改(扩)建工程宜利用混凝土护栏作为临时隔离护栏使用，因护栏周转使用造成的缺陷应进行修补，确保混凝土护栏外观质量平整、无缺陷，色泽一致。

2 改(扩)建工程临时通行期间需增加混凝土护栏背部槽钢连接，高风险路段应设置增强支撑措施，确保临时通行安全。

16.0.9 视线诱导设施设置应符合下列要求：

1 改(扩)建工程临时通行期间应加强轮廓诱导及立面标记提示，确保临时通行安全，注重混凝土护栏(含端部)、波形梁钢护栏、中央分隔带开口护栏、中分带落墩、声屏障端部、防撞垫端部、收费站岛头等位置的诱导提示。

2 根据交通组织各阶段车辆运行方向，应遵循轮廓标"左黄右白"的要求，宜采用双向双色轮廓标。

16.0.10 隔离栅设置应符合下列要求：

1 改(扩)建工程需采用临时隔离栅进行路侧围蔽。根据各阶段施工特点，应对隔离栅材料进行永临结合、重复利用，以节约成本。

附录A

交通安全设施工程典型施工方案编制

A.1 标志施工方案

A.1.1 主要内容
标志基础施工、钢构件及标志板面安装。

A.1.2 编制要点
1 标志基础

应明确基础开挖方式、混凝土基础材料检测、基础钢筋笼制安、预埋件地脚螺栓和基础法兰盘定位,以及养生措施。

2 钢构件及标志板面安装

应明确原材料检测要求、吊装设备、安装方法、安装质量和安全控制措施。

A.1.3 技术要点
1 标志基础施工

1)对规格尺寸、材料、基础钢筋笼、预埋件地脚螺栓、基础法兰盘、钢构架、地基承载力进行自检。

2)在浇筑前,基础钢筋笼、预埋件地脚螺栓和基础法兰盘安放平面位置和顶面高程应准确,符合设计标准。

3)应加强混凝土振捣和养生,确保混凝土质量。

4)采用商品混凝土时还应明确原材料、混凝土质量控制和保证措施,不得掺用粉煤灰。

2 钢构件及标志板面安装

1)混凝土强度达到设计强度的80%后,方可进行标志钢立柱的吊装。立柱全部采用吊带吊装作业,并设有防碰撞和防变形措施,安装后立即进行调整,保证立柱的竖直度满足要求及悬臂水平。

2)安装后的板面应平整,上下边缘与路面水平,不得向上、向下倾斜。应确保运到现场的标志板无损坏、褪色、变形和其他缺陷。

A.2 标线施工方案

A.2.1 主要内容
放样、涂抹下涂剂、标线施划。

A.2.2 编制要点
应明确放样、原材料检测要求、标线设备、涂料温度以及成品检测等控制措施。

A.2.3 技术要点

1 选取基准点放样,在直线段部分每隔10m选取一个基准点;在曲线段部分每隔5m选取一个基准点,并利用基准点,用测绳放出基准线,用水线放样车沿基准线进行放样,放出水线后应对左右行车道进行复核,对不顺直部分进行调整,使线形平直、圆顺。

2 标线的端线与边线应垂直,误差不大于±5°;其他特殊标线,其角度与设计值误差不大于±3°。

3 施划后的标线厚度和逆反射系数技术指标应满足设计要求,并具备优良的视觉性,且宽度一致,间距相等,边缘等齐,线形规则流畅,反光效果好,与路面结合牢固。

A.3 波形梁钢护栏施工方案

A.3.1 主要内容
放样、立柱安装、波形梁钢护栏安装。

A.3.2 编制要点

1 立柱安装
应明确原材料检测要求、施工设备、放样以及竖直度、间距、线形、高程等控制措施。

2 波形梁钢护栏安装
应明确原材料检测要求、安装方向、线形控制以及螺栓的初拧和终拧力矩等控制措施。

A.3.3 技术要点

1 放样
立柱应根据设计图纸进行放样,并以桥梁、隧道、涵洞、立交、平交等为控制点,进行测距定位。放样时可利用调整段调节间距,并利用分配方法处理间距零头数。

2 立柱安装

1)打入式立柱施工时应精确定位,立柱打入土中应至设计深度。当打入过深时,不得只将立柱部拔出加以矫正,而须将其全部拔出,待基础压实后再重新打入。

2)立柱打入困难时,可采用钻孔法或开挖法安装立柱。采用钻孔法安装,立柱定位后应用与路基相同的材料回填,并分层夯填密实;采用开挖法埋设立柱,回填土应采用良好的材料并分层夯实(每层厚不超过15cm),回填土的压实度应不小于相邻原状土。

3）采用预留孔基础时，应先清除孔内杂物，吸干孔内积水，将化好的沥青在孔底涂一遍，然后放入立柱，控制好高程。立柱周围采用灌砂并振实后用沥青封口，防止雨水渗入孔内。

4）立柱安装就位后，立柱的竖直度由水准仪进行校正，其水平方向和竖直方向应形成平顺的线形。

3 波形梁钢护栏安装

1）波形梁钢护栏安装时，通过拼接螺栓相互拼接，并由连接螺栓固定于立柱或横梁上。施工时应保证搭接方向与行车方向一致，螺栓安装齐整。

2）波形梁钢护栏在安装过程中应不断进行调整，因此连接螺栓及拼接螺栓不宜过早拧紧，以便在安装过程中利用波形梁的长圆孔及时进行调整，使其形成平顺的线形，避免局部凹凸。

3）安装时波形梁钢护栏顶面应与道路竖曲线相协调。并检查护栏的线形，当确定线形比较直顺和流畅时，最后拧紧螺栓。

4）路基与结构物过渡段应确保做好护栏板与混凝土护栏搭接长度控制。

4 缓冲设施

1）缓冲设施的安装线形应与三角端护栏（或其他被防护构造物）线形相协调。

2）防撞垫应组装正确，构件齐全，紧固件安装牢固。

A.4 混凝土护栏施工方案

A.4.1 主要内容
钢管桩预埋（如有）、钢筋制安、安装模板、混凝土浇筑。

A.4.2 编制要点

1 钢管桩预埋与安装钢筋及模板时，应明确钢管桩的打桩设备、机具选择、护栏钢筋绑扎焊接要求、模板安装与固定方式等控制措施。

2 混凝土浇筑时，应明确分层浇筑高度、浇筑方式、振捣要求、混凝土性能指标要求、混凝土养生、拆模时间要求。

A.4.3 技术要点

1 钢管桩预埋与安装钢筋及模板

1）混凝土护栏按设计埋设钢管桩，钢管桩采用锤击贯入法施工。

2）绑扎焊接护栏钢筋，焊接时应注意使钢筋顶面保持水平，两侧留有保护层厚度。

3）模板安装过程中，首先在护栏钢筋底端焊接横向钢筋，控制护栏宽度和防止护栏移动；模板上部用对拉螺杆控制宽度。

4）模板与模板间拼缝应平顺、严密，模板底部应采取防漏浆措施。

2 混凝土浇筑

1）浇筑时采用分层浇筑、分层振捣。

2）护栏混凝土浇筑完成后，顶面先用木抹子抹平，再用铁抹子抹平初压光，最后待混凝土初凝时用铁抹子用力压光，严格控制顶面高程、平整度、浮浆厚度。

3)拆模时间根据气温和混凝土强度而定,养生宜采用"水桶储水+水管滴管+土工布保湿"工艺。

A.5 中央分隔带开口护栏施工方案

A.5.1 主要内容
基础或立柱安装、开口护栏安装、调整线形。

A.5.2 编制要点
应明确防护等级要求、安装方法、线形以及成品检测等控制措施。

A.5.3 技术要点
1 根据线路平纵曲线调整平面位置与高程,保证平面处于线路中心线,高程宜与两端护栏齐平。
2 基础施工完成后应对预留孔采取保护措施,防止杂物落入。安装完毕后,应对预埋套筒口进行封闭防水防腐处理。
3 应进行开启与关闭的调试,宜在10min内开启至少10m。

A.6 轮廓标施工方案

A.6.1 主要内容
量距定位、安装轮廓标、调整反射角度。

A.6.2 编制要点
应明确原材料检测要求、角度调整方法、反射器中心高度、线形以及柱式轮廓标竖直度等控制措施。

A.6.3 技术要点
1 主线与匝道连接段,路侧轮廓标应结合主线和匝道布置轮廓标的间距采用逐渐过渡设置,不宜在加减速车道路侧直接采用匝道布置间距设置轮廓标;对于同一条匝道不同段落轮廓标布置间距不同的情况,应在缓和曲线段采用间距过渡方式布设,以避免轮廓标间距突然变化造成的视觉不适和心理紧张。
2 安装完成后用检查仪器检查支架、反射器安装位置和角度是否符合设计图纸及施工技术规范要求,经检验合格后最后固定。

A.7 隔离栅施工方案

A.7.1 主要内容
放样、基础开挖、立柱埋设、网片(刺钢丝)安装高程。

A.7.2　编制要点

应明确原材料检测要求、立柱竖直度、顶面、基坑尺寸、隔离栅线形以及成品检测等控制措施。

A.7.3　技术要点

1　根据征地红线图现场放样。

2　基础基坑开挖应在原状土或夯实处理后的土基上进行，混凝土浇筑到位后应对预埋立柱竖直度进行复核，并采取防倾斜措施；待基础强度达设计强度的80%后，方可进行挂网和紧固。

A.8　防落物网施工方案

A.8.1　主要内容

放样、基础施工、立柱安装、网片安装、校正。

A.8.2　编制要点

应明确原材料检测要求、立柱竖直度、防落物网线形以及成品检测等控制措施。

A.8.3　技术要点

1　防落物网应以上跨桥梁与公路、铁路等设施的交叉点为控制点，向两侧对称进行施工。当上跨桥梁为斜交时，防落物网的长度应根据设计文件的要求做相应调整。

2　应根据立柱预埋基础的位置安装立柱。未设置预埋件时，应根据设计单位的变更文件，采取后固定的施工工艺设置立柱。

3　防落物网的网片应牢固地安装在立柱上，网片应平整、绷紧。防落物网的封闭应严密、牢固，不应出现缺口。

4　应根据设计文件的规定对防落物网做防雷接地处理。

A.9　防眩设施施工方案

A.9.1　主要内容

基础施工、防眩板(网)安装、校正。

A.9.2　编制要点

应明确原材料检测要求、立柱竖直度、防眩设施线形以及成品检测等控制措施。

A.9.3　技术要点

1　防眩板或防眩网外观不应有划痕、颜色不均、变色等外观缺陷。表面不得有气泡、裂纹、疤痕、断面分层、毛刺等缺陷。

2　防眩板或防眩网应安装牢固，确保安装方向，保证遮光角度。

3　防眩板或防眩板整体应与路线线形一致。

A.10 声屏障施工方案

A.10.1 主要内容
基础开挖、钢筋制安及模板安装、混凝土的浇筑及养生、声屏障板及立柱安装等方案。

A.10.2 编制要点

1 基础开挖、钢筋制安及模板安装
应明确基础开挖方式、混凝土基础材料检测、钢筋框架、模板安装、预埋件地脚螺栓和基础法兰盘定位等质量控制措施。

2 混凝土的浇筑及养生
应明确地梁沉降缝设置方式、浇筑方式、振捣要求、混凝土性能指标要求、混凝土养生和拆模时间要求。

3 声屏障立柱及屏板安装
1）应明确安装时间、布设要求、立柱中距、与路肩边线位置偏移、竖直度、紧密度和牢固性等控制要求。
2）应明确路基与桥梁（涵洞）过渡段声屏障衔接的安装工艺和质量控制要求。

A.10.3 技术要点

1 基础开挖、钢筋框架绑扎及模板安装
1）基础与土路肩边缘距离，应考虑安装后声屏障板内缘距土路肩距离，基础梁配筋应与钢管桩有效连接。
2）钢管桩如遇机电管线、涵洞等构造物，应通知设计、监理人员复核处理。

2 混凝土的浇筑
1）施工时如遇有平曲线路段，应注意调整预埋法兰盘的方向，使其纵向中心线与行车方向保持一致。
2）地梁跨急流槽、路基与结构物交界部位应做好整体线形控制。
3）根据现场实际情况，做好相应疏导排水措施。

3 声屏障立柱及板安装
1）基础混凝土强度达到设计强度的80%后，方可安装立柱；达到设计强度后，方可安装声屏障板。
2）声屏障的立柱和板面应采用人工一次性安装，双柱式路侧声屏障，两支柱相互平行，其顶端在同一高度上，连接件对称布设。
3）安装时应注意立柱竖直度调整和板面与道路的夹角，板面安装高度和表面平整度符合设计要求。

附录B 四新技术

B.1 数码打印膜工艺

数码打印技术是依据《道路交通反光膜》(GB/T 18833—2012)中"反光膜应具有颜色的可印刷功能,常温环境下采用与反光膜匹配的油墨印刷方式,可对反光膜进行各种颜色的印刷"这一规定,将数字、图像等通过油墨打印的方式使其附着在承印材料上的一种技术。

数码打印技术是一套完整的打印解决方案,包括专用打印设备、专用油墨、专用反光膜和专用保护膜。通过先进的打印系统,将油墨打印在反光膜表面,从而制作交通标志板面(图B.1)。可同时进行交通专用色打印和彩色定制化打印,成品满足并超越国家标准要求。

图 B.1 数码打印机

B.2 双撒布器工艺

标线施工中,两种不同粒径的面撒玻璃珠按照设计撒布量,通过双撒布器(图 B.2-1)撒布在涂膜上,并固定于涂膜表面。该工艺可以更好地控制宽级配玻璃珠撒布器的撒布不均匀性,既保证了撒布量,又保证了撒布的均匀性。双撒布划线机如图 B.2-2 所示。对撒布器施工如图 B.2-3 所示。

图 B.2-1 双撒布器

图 B.2-2 双撒布划线机

a)

b)

图 B.2-3 双撒布器施工

B.3 多功能护栏打桩机

多功能护栏打桩机(图 B.3)适用于各类路面,可以完成多种功能,如打桩、拔桩,在路基的稳定层上钻孔再打桩等。

图 B.3　多功能护栏打桩机

B.4　一体化门架

交安机电一体化门架(图 B.4)作为扩建项目"智"造出新的重要组成部分,集中解决了交安、机电、交通管理等各专业设施门架使用的统一性,对门架资源进行了优化整合,使道路景观得到了较大提升,作为多功能使用平台,为日后项目数字化及科技化管理、无人驾驶、5G 商务及气象监测等奠定了基础平台。

图 B.4　交安机电一体化门架

B.5　电刻反光膜工艺

电刻反光膜工艺(图 B.5),其光度性能指标可达到五类底膜、五类字膜标准。由于传统标志牌膜贴膜工艺为双层粘贴结构,突起的字膜剪切出来后四周棱镜结构受到了破坏,在营运过程中会因为灰尘进入、雨水冲刷等影响,在字膜四周形成灰尘堆积导致字体发黑,从而影响夜间反光效果,电刻反光膜工艺则解决了此类问题,有效发挥了字膜的反光性能。

另外，电刻反光膜工艺采用全数字化系统排版、自动化设备加工，从根本上减少了人工操作误差的产生，确保标志、文字定位精准，间距、高低一致，板面整体外观与质量良好。

图 B.5　电刻反光膜工艺

B.6　波形梁钢护栏清洗设备

改（扩）建施工期间波形梁钢护栏使用周期长，需采用清洗设备进行彻底清洗保洁。波形梁钢护栏清洗设备（图 B.6）采用洒水车外置清洗冲刷设备，安装清洗刷，添加清洁剂进行移动冲刷，简易高效，确保了护栏板最终营运时洁净、无油污。

图 B.6　波形梁钢护栏清洗设备

附录C 质量通病及防治

C.1 交通标志

C.1.1 通病现象
1 基础尺寸超出规范偏差要求。
2 基础强度未达到设计要求。
3 预埋地脚螺栓与立柱法兰盘安装有误差。
4 下法兰盘不水平,立柱法兰安装后不严实。
5 下法兰盘预埋平面位置偏差过大。
6 下法兰盘板底与混凝土未密贴,内部有空洞。
7 立柱不竖直,悬臂不水平。
8 标志板安装角度有偏差,净空不足。
9 门架标志安装后横梁下挠。

C.1.2 主要原因分析
1 放线不准确,模板牢固性差、验收不严格。
2 混凝土质量控制不严格、振捣、养生不到位。
3 预埋地脚螺栓与下法兰盘固定时,螺栓与底板不垂直。
4 标志预埋下法兰固定后未进行水平校验,浇筑过程中有扰动且收面前未再次校验。
5 放样不准确,对路侧双柱式标志牌平面位置设计意图不了解。
6 混凝土浇筑顶面高程控制不到位,下法兰板底振捣不到位且未补料处理。
7 预埋下法兰盘不水平,悬臂在制作过程中与立柱不垂直或焊接施工中有变形。
8 下法兰平面位置和螺栓孔位控制不到位,基础顶面高程控制不严,定制前未复核基础高程或测量有误。
9 门架标志安装过程中未设置预拱度,螺栓连接不牢固。

C.1.3　防治措施

1　严格控制施工放线,确保模板支撑牢靠。

2　加强对混凝土原材料和配合比的质量、分层振捣,按要求进行养生。

3　地脚螺栓预埋过程中应采取措施确保地脚螺栓与下法兰盘垂直并固定牢靠,立柱安装前做好保护。

4　加强现场施工管理。浇筑混凝土前应用水平尺检查下法兰盘平面位置及水平度,二次收面前应再次复核其平面位置和水平度。

5　现场施工员应加强放样后检查,现场监理人员应加强验收工作。

6　严格控制混凝土浇筑顶面高程。下法兰盘有空洞的,应在预留孔位置填塞饱满,并采用胶锤敲击排除板底空气,使混凝土与下法兰板密贴。

7　浇筑混凝土前应用全站仪和水平尺检查下法兰盘平面位置及水平度,二次收面前应再次复核其平面位置和水平度;加强监造,悬臂焊接应确保与立柱垂直,焊接不使其变形。

8　应采取多次复核措施确保下法兰板水平,对于路侧双柱标志,应根据路线线形设置与路线中线夹角;施工期间严控基础顶面高程,定制构件前应再次对基础顶面高程进行细致复核。

9　门架安装过程中应按设计图纸要求设置预拱度,拧紧法兰盘螺栓。

C.2　交通标线

C.2.1　通病现象

1　涂料发黄、发污或褪色。

2　划线后在涂料未干前受尘埃污染。

3　车辆油污、车轮胎制动致黑。

4　标线逆反射亮度系数不足。

5　标线脱落、起泡、毛边。

6　突起路标脱落,前后不在一条线上,间距不等。

C.2.2　主要原因分析

1　原材料质量控制不严格;涂料加热温度太高,加热釜底部和边部焦物混入涂料中。

2　遇不良天气,如大风、干燥扬尘天气。

3　受车辆污染,未做交通控制。

4　标线涂料把控不严;施工过程中,面撒玻璃珠用量不足或撒布不均。

5　施划时,路面污染,清扫不干净;下涂剂未完全干燥或路面潮湿;气温或涂料温度过低。

6　路面污染,突起路标底胶不符合要求,造成粘贴不牢;放样位置误差大。

C.2.3　防治措施

1　加强原材料质量控制,通过首件制确定最佳配比;控制施工温度,施工前清理加热釜和划线车,避免串料变色。

2 雨天、尘埃大、风大时停止施工。

3 采用符合标准的涂料,在涂料未干透凝结之前控制交通;通车前严控车速,不得故意碾压标线行驶。

4 加强标线涂料及玻璃珠的质量验收,选用合格厂家生产的标线材料;加强施工工艺控制。

5 路面、下涂剂应完全干燥,控制施工温度。

6 贴前认真清理路面(干燥干净),保证胶的质量并满胶粘贴;认真放样,及时校验。

C.3 波形梁钢护栏

C.3.1 通病现象

1 护栏立柱偏位。

2 护栏立柱打不下去,柱顶塌边、碎裂、变形。

3 护栏立柱有效埋入深度不足。

4 波形梁板不顺直,部件松动。

5 波形梁板高低起伏,平面线形不平顺。

6 波形梁板烧焊扩孔安装。

C.3.2 主要原因分析

1 放样不准,或打桩机不稳、跑偏。

2 路基土中有石块,或遇到水稳基层等。打入时受力不均,过快过猛导致柱顶变形。

3 土路肩顶面高程控制不足、压实度不足导致自然沉降。

4 安装不平顺,螺栓未上紧。

5 护栏立柱高低不一,左右偏斜。

6 护栏立柱安装间距控制不到位,现场施工、监理管理不严。

C.3.3 防治措施

1 放样准确,打入柱偏位时,应将其全部拔出,用路基土回填压实后,重新打入。

2 遇到石头应前后避让或清除,对于水稳碎石基层,应先用开挖法或钻孔法打出导洞,立柱打入后再用碎石、混凝土补平或填满导洞;打桩时控制好锤高和锤速,使立柱受力均匀,避免损坏。

3 重视施工界面交接,加强高程和压实度控制。

4 严格控制立柱的高程和位置,托架位置准确。

5 安装要平顺、连续。安装过程中利用波形梁板的长圆孔调整梁板的上下位置,顺直后拧紧所有螺栓。

6 严格按照控制点进行放样,安装立柱时加强对立柱间距的复核,必要时设置调节板进行调节;加强现场技术交底和质量管控,不得烧焊扩孔安装螺栓。

C.4 混凝土护栏

C.4.1 通病现象
1 混凝土护栏损边、掉角、蜂窝麻面、气泡、错台等。
2 混凝土护栏线形凹凸、起伏。
3 钢筋保护层合格率偏低。

C.4.2 主要原因分析
1 拆模过早,未注意边角保护;混凝土配合比控制不到位;混凝土漏振或过振,养生或切缝不及时。
2 模板未试拼装或模板变形,安装后整体调顺不细致或安装不牢固、模板底板防漏浆措施不到位。
3 钢筋绑扎时,保护层垫块安装不稳或安装数量不足。

C.4.3 防治措施
1 通过首件制掌握合理拆模时间,拆模过程中注意对边角保护模板加工要标准,尺寸准确,根据温度情况掌握适宜的拆模时间;选用合适的混凝土配合比,施工中严格控制水灰比、坍落度;严格把握振捣深度、间距、时间,及时养生。
2 落实好模板试拼装并编号,经常性地对模板变形情况进行检查,加强模板安装后线形和接缝位置检查及验收,切实做好模板底部防漏浆措施。
3 护栏钢筋绑扎应采取放线措施,整体绑扎后应对线形进行检查和微调,严格控制保护层垫块安装数量和牢固性。

C.5 视线诱导设施

C.5.1 通病现象
安装角度不正确,安装间距和高度不统一。

C.5.2 主要原因分析
现场施工放样不细致,安装过程中未按产品特性和设计要求设置安装角度。

C.5.3 防治措施
严格对施工放样进行再复核(安装间距、高度指标等),掌握好角度安装,选取典型路段试装后进行夜间实地测试成效。

C.6 隔离栅

C.6.1 通病现象
1 立柱混凝土基础尺寸不够(现浇时尤为突出)。

2 立柱竖直度不合格,网面不平、不顺直。
3 立柱与基础、立柱与隔离栅之间的连接不牢靠。
4 隔离栅的起点、终点不符合端头封闭设计。
5 在特殊地段如河流、障碍物等处断开,未连续跨过。

C.6.2 主要原因分析
1 采用现浇时,基坑尺寸偏小;采用预制时,模板尺寸存在误差。
2 立柱埋设不竖直,地形有起伏,立柱埋设未在一条线上。
3 立柱埋入混凝土基础中,未设固定支撑,立柱与隔离栅的安装不牢固。
4 端头漏封,或未按图纸施工。
5 现场施工管理不重视,特殊地段未做专门处理。

C.6.3 防治措施
1 基础尺寸一定要达到要求,浇筑时按要求进行振捣,注意养生7d以上。
2 在地形有起伏的地段,可将地面整修成一定坡度后,顺坡设置或按阶梯形设置。
3 立柱埋入基础后,必要时可设置临时拉索或支撑,直到混凝土强度达到设计强度的80%。在养生未达到7d之前,不得在立柱和斜撑上进行安装作业。
4 按设计图设置端头封闭,遭破坏时及时修复,并做好保护宣传工作。
5 当小溪或不通航的小河道两岸顶面宽度不超过4m时,应连续跨过;当大于4m时,应做端头封闭设计。

C.7 防眩设施

C.7.1 通病现象
1 线形差,高低起伏。
2 防眩板偏转角度误差大,防眩效果不佳。

C.7.2 主要原因分析
1 放样误差大,或不正确,高程控制不准。
2 施工误差偏大,未严格按设计图纸要求控制安装间距及安装角度。

C.7.3 防治措施
1 精准放样,使防眩板线形与路线线形一致。
2 严格控制安装角度,超出允许误差时应加以纠正;严格控制安装间距,并根据产品特性核对好安装方向。

C.8 声屏障

C.8.1 通病现象
1 立柱、声屏板掉漆、剐蹭、变形。

2 屏体安装后晃动。

3 声屏板内部填充料参差不一,影响降噪效果。

C.8.2 主要原因分析

1 运输、安装过程中无防剐蹭和变形措施。

2 屏体背板压条未安装或未锁紧。

3 材料进场质量把关不严。

C.8.3 防治措施

1 切实采取有效防剐蹭和防变形措施,在安装过程中做好防护工作。

2 加强安装后的核查验收工作,确保压条安装到位、螺栓紧固。

3 加强材料进场质量管理,必要时可进行破坏性检验,检验内部填充物材质、每平方米用量及分布情况。